U0662264

汉画总录

4

绥德

GUANGXI NORMAL UNIVERSITY PRESS
广西师范大学出版社
·桂林·

The Getty Foundation

本项目研究得到盖蒂基金会的资助。
Research for this publication was supported by a grant from the Getty Foundation.

项目统筹　汤文辉　罗文波　李　琳
责任编辑　李　琳　陈艾利　莫少清　黄　斌
装帧设计　李若静　陆润彪　刘　凛　黄　赟
责任技编　伍智辉

图书在版编目（CIP）数据

汉画总录. 4，绥德 / 康兰英，朱青生主编. —桂林：
广西师范大学出版社，2012.8（2023.3 重印）
  ISBN 978-7-5495-3117-2

  Ⅰ．汉… Ⅱ．①康…②朱… Ⅲ．①画像砖－史料－
研究－中国－汉代②画像砖－史料－研究－绥德县－汉代
Ⅳ．K879.444

  中国版本图书馆 CIP 数据核字（2012）第 306204 号

广西师范大学出版社出版发行

（广西桂林市五里店路 9 号　邮政编码：541004　）
（网址：http://www.bbtpress.com　）
出版人：黄轩庄
全国新华书店经销
广西广大印务有限责任公司印刷
（桂林市临桂区秧塘工业园西城大道北侧广西师范大学出版社集团
有限公司创意产业园内　邮政编码：541199）
开本：787 mm × 1 092 mm　1/16
印张：14.75　　　字数：100 千字
2012 年 8 月第 1 版　　　2023 年 3 月第 2 次印刷
定价：800.00 元

序

文字记载，图画象形。人性之深奥、文化之丰富俱在文献形相之中；史实之印证、问题之追索无非依靠文字图形。[1] 汉画乃有汉一代形相与图画资料之总称。

汉代之前，有各种物质文化遗迹与形相资料传世。但是同时代文献相对缺乏，虽可精观细察，恢复格局，重组现象，拾取位置、结构和图像信息，然而毕竟在紧要处，但凭推测，难于确证。汉代之后，也有各种物质文化遗迹与形相资料传世，但是汉代之前问题不先行获得解释，后代的讨论前提和基础就愈加含糊。尤其渊源不清，则学难究竟。汉代的文献传世较前代为多，近年汉代出土文献日增，虽不足以巨细问题尽然解决，但是与汉代之前相比，判若文献"可征"与"不可征"之别。所以，汉画作为中国形相资料的特殊阶段，据此观察可印之陈述，格局能佐之义理，现象会证之说明；位置靠史实印证，结构倚疏解诠释。因图像信息与文字信息的双重存在，将使汉画成为建立中国图像志，用形相学的方法透入历史、文化和人性的一个独特门类。此汉画作为中国文化研究关键理由之一。

两汉之世事人情、典章制度可以用文字表达者俱可在经史子集、竹帛简牍中钩沉索隐，而信仰气度、日常生活不能和不被文字记述者，当在形相资料中考察。形者，形体图像；相者，结构现象。事隔两千年形成古今感受之间的千仞高墙，得汉画其门似可以过入。而中国文明的基业，多始于汉代对前代的总结、集成而制定规范；即使所谓表率万世之儒术，亦为汉儒所解释而使之然。诸子学说亦由汉时学人抄传选择，隐显之功过多在汉人。而道德文章、制度文化之有形迹可以直接回溯者，更是在汉代确立圭臬，千秋传承，大同小异，直至中国现代化来临。往日的学术以文字文献为主，自从进入图像传播时代，摄影、电视造成了人类看待事物的新方法，养成了直接面对图像的解读能力。于是反观历史，对于形相资料的重视与日俱增。因此，由于汉代奠定汉族为主

---

[1] 对于古史，有所谓四重证据法：传世文献+出土文献+出土文物+依地形、位置和建筑建构遗存复原的文化环境设想。但任何史实，多少都有余绪流传至今，则可通过现今活态遗存，以今证古，这是西方人类学、文化地理学中使用的方法。例如，可从近日的墓葬石工技艺中考溯汉代制作；再如，今日非物质文化遗产中的祭祀庆典仪式，其中可能有此地同族举行同类型活动的延承，正所谓"礼失而求诸野"。所以，对于某些历史对象，可以采用"六重证据法"：传世文献+出土文献+出土文物+复原的文化环境设想+现今活态遗存+试验考古（即用当时的工具、材料、技术、观念重新试验完成一遍古代特定的任务）。对问题的追索无非依靠文字和形相两种性质的材料，故略称"文字图形"。

体的文明而重视汉代，由于读图观相的时代到来而重视图画，此汉画之为中国文化研究关键理由之二。

"汉画"沿用习称。《汉画总录》关注的汉画包括画像石、画像砖、帛画、壁画、器物纹样和重要器物、雕刻、建筑（宗教世俗场所和陵墓）。所以，与《汉画总录》互为表里的国家图像数据库 [2] 则称之为"汉代形像资料"，是为学术名称。

汉画研究根基在资料整理。图像资料的整理要达到"齐全"方能成为汉画学的基础。所谓齐全，并非奢望汉代遗迹能够完整留存至今，而是将现存遗址残迹，首先确定编号，梳理集中，配上索引，让任何一位学者或观众，有心则可由之而通览汉代的形相资料总体，了解究竟有多少汉代图形存世。能齐观整体概况，则为齐也。如果进一步追索文化、历史和人性的问题，则可利用这个系统，有条理、有次序地进入浩瀚的形相数据，横征纵析，采用计算机详细精密的记录手段和索引技术，获取现有的全部图像材料。与我们陆续提供给学界的"汉代古文献全文数据库"和"中文、西文、日文研究文献数据库"互为参究，就能协助任何课题，在一个整体学科层面上开展，减少重复，杜绝抄袭，推动研究，解决问题。能把握学科动态则为全也。《汉画总录》是与国家图像数据库相辅相成的一个长期文化工程，是依赖全体汉画学者努力方能成就的共同事业。一事功成，全体受益。如果《汉画总录》及其索引系统建成完整、细致、方便的资料系统，汉画学的推进，可望会有飞跃。对其他学科亦不无帮助。

汉画编目和《汉画总录》的编辑是烦琐而细致的工作。其平常在枯燥艰苦的境况中日以继夜。此事几无利益，少有名声，唯一可以告慰的是我们正用耐心的劳动，抹去时间的风尘，使中国文明之光的一段承载——汉画，进入现代学术的学理系统中，信息充溢，条理清楚，惠及学界。况且汉画虽是古代文化资料，毕竟养成和包蕴汉唐雄风；而将雄风之遗在当今呈现，是对中国文明的贡献，也是为人类不同文明之间更为深刻的互相理解和世界在现代化中的发展提示参照。

人生有一事如此可为，夫复何求？

编　者

2006 年 7 月 25 日

---

[2] 2005年文化部将中国汉代图像信息综合调查与数据库项目纳入"国家数据库专项"系统。

编辑体例

《汉画总录》包括编号、图片、图片说明、图像数据、文献目录、索引六部分内容。

1. 编号

为了研究和整理的需要，将现有传世汉画材料统一编号。编号工作归属于一个国家项目协调（《中国汉代图像信息综合调查与数据库》为国家艺术科学"十五"规划项目）。方法是以省、区编号（如陕西 SSX，山西 SX）加市、县，或地区编号（如米脂 MZ）再加序列号（三位），同一汉画组合中的部件在序列号之后加横杠，再加序列号（两位）。比如米脂党家沟左门柱，标示为 SSX-MZ-005-01（说明：陕西—米脂—党家沟画像石墓—左门柱）。编号最终只有技术性排序，即首先根据"地点"的拼音缩写的字母排列顺序，在同一地点的根据工作序列号的顺序排序。

地点是以出土地为第一选择，不在原地但仍然有确切信息断定其出土地的，归到出土地编号，并在图片说明中标示其收藏地和版权所有者。如果只能断定其出土地大区（省、区），则在小区（市、县、地区）部分用"××"表示。比如美国密西根大学博物馆藏的出自山东某地，标示为 SD-××-001。如果完全不能断定其出土地点，则以收藏地点缩写编号。

编号完成之后，索引、通检和引证将大为方便。论及某一个形象或画面，只要标注某编号，不仅简明统一，而且可以在《汉画总录》和与此相表里的国家图像数据库（文化部将中国汉代图像信息综合调查与数据库项目纳入"国家数据库专项"系统）中根据检索方法立即找到其照片、拓片、线图、相关图像和墓葬的全部信息，以及关于这个对象尽可能全面的全部研究成果，甚至将来还可以检索到古文献和出土文献的相关信息，以及同一类型图像或近似图像的公布、保存和研究情况。

2. 图片

记录汉代画像石、画像砖的图片采取拓片、照片和线图相比照的方式处理。[1] 传统著录汉画的方式是拓片，拓片的特点是原尺寸拓印。同时，拓片制作时存在对图像的取舍和捶拓手工轻重粗精之别，而成为独立于原石的艺术品。拓片不能完整记录墓葬中画像砖石的相互衔接和位置关系，以及墓葬内的建筑信息，无法记录画像石上的墨线和色彩，对于非平面的、凸凹起伏的浮雕类画

---

[1] 由于在《汉画总录》的编辑方针中，将线描用于对图像的解释和补充，线描制作者的观点和认识会有助于读者理解，但也形成了一定的误导和局限，因此在无必要时，将逐步减少线描的数量，而把这个工作留待读者在研究时自行完成。

像砖石，也不能有效地记录其立体造型。不同拓片制作者以及每次制得的拓片都会有差异。使用拓片一个有意无意的后果是拓片代替原石成为研究的起点，影响了对画像石的感受和认知。拓片便利了研究的同时也限制了研究。只是有些画像砖石原件已失，仅存拓片，或者原石残损严重，记录画像砖石的拓片则为一种必要的方法。

照片对画像砖石的记录可以反映原件的质地和刻划方法、浮雕的凸凹起伏，能够记录砖石上的墨线和色彩，是高质量的图像记录中不可缺失的环节。线图可以着重、清晰地描绘物像的造型和轮廓，同时作为一种阐释的方法，可以展示、考察、记录研究者对图像的辨识和推证。采取线图、照片、拓片相结合的途径记录画像砖石，可相互取长补短，较为完备。

帛画、壁画和器物纹样一般采用照片和线图。

其他立体图像采用照片、三维计算机图形、平面图和各种推测性的复原图及局部线图。组合图与其他图表的使用，在多部组合关系明确的情况下，一般会给出组合图加以标明，用线描图呈现；在多部组合而关系不明确的情况下则或缺存疑。其他测绘图、剖面图、平面图以及相关列表等均根据需要，随著录列出，视为一种图解性质的"说明"。[2]

3. 图片说明

图片说明分为两个部分。其一是关于图片的基本信息，归入"4. 图像数据"中说明；其二是对于图像内容的描述。描述古代图像时，基于古今处在不同的观念体系中的这一个基本前提，采取不同方式判定图像。

3.1 尝试还原到当时的概念中给予解释[3]，在此方向下通常有两种途径。

3.1.1 检索古代文献中与图像对应的记载或描述，作出判定。但现存的问题，一是并非所有图像都能在文献中找到相应的记载或解释，即缺乏完备性；二是这种对应关系是人为赋予的，文献

---

[2] 根据编辑需要，在材料和技术允许的情况下，会给出部分组合关系图。由于编辑过程受到各种条件的限制，尽其努力也无法解决全卷缺少部分原石图、拓片、线图的情况，或者极个别原石尺寸不齐的情况，目前保持阙如，待今后在补遗卷中争取弥补。

[3] 任何方式中我们都不可能完全脱离今人的认识结构这一立足点，不可能清除解释过程中"我"的存在，难以避免以今人的观念结构去驾驭古代的概念。完全回到当时当地观念中去只是设想。解释策略决定了解释结果。在第一种方式中，我们的目的不是把自己置换到古人的处境中去体验，而是去认识古人所用概念及其间结构关系。

与图像并不存在必然的联系，且不同研究者可能做出不同的判断[4]；三是现存文献只是当时多种版本的一种，民间工匠制作画像石所依据的口述或文字版本未必与经过梳理的传世文献（多为正史、官方记录和知识分子的叙述）相符。

3.1.2 依据出土壁画上的题记、画像砖石上的榜题、器物上的铭文等出土文字材料，对相应图像做出判定，这种方式切近实况，能反映当时当地的用语，但是能找到对应题记的图像只占图像总体的一小部分。

3.2 在缺失文献的情况下，重构一种图像描述的方式——尽量类型化并具有明晰的公认性。如大量出现的独角兽，在尚不确定称其为"兕"还是"獬豸"时，便暂描述为独角兽，尽管现存汉代文献中可能无"独角兽"一词。同时，图像描述采取结构性方式，即先不做局部意义指定，而是在形状—形象—图画—幅面—建筑结构—地下地上关系—墓葬与生宅的关系—存世遗迹和佚失部分（黑箱）之间的关系等关系结构中，判定图像的性质或意义。尽管没有文字信息，图像在画面和墓葬中的位置和形相关系提供了考察其意义和功能的线索。

在实际图片说明中，上述两种方式往往并用。对图像的描述是在意识到这些问题的情况下展开的，部分指谓和用语延承了以往的研究，部分使用了新词，但都不代表对图像含义的最终判定，而只是一种描述。

4. 图像数据

图片的基本信息（诸如编号、尺寸、质地、时代、出土地、收藏单位等）实际上是图像数据库的一个简明提示。收入的汉画相关信息通过数据库的方式著录，其中包括画像石编号、拓片号、原石照片编号、原石尺寸[5]、画面尺寸、画面简述、时代、出土时间、征集时间、出土地[6]、收藏单位、原收藏号、原石状况（现状）、所属墓葬编号[7]、组合关系、著录与文献等项。文字、质地、色

---

[4] 关于此前题材判定和分类的方法和问题，参见盛磊《四川汉代画像题材类型问题研究》，硕士学位论文，北京大学，2002年。

[5] 原石尺寸的单位均为厘米，书中不再标识。

[6] 出土与征集的区分以是否经过科学发掘为界，凡经正式发掘（无论考古报告发表与否）均记为出土，凡非正式发掘（即使有明确出土地点和位置）均记为征集。

[7] 所属墓葬因发掘批次和年代各异，故记为发掘时间加当时墓葬编号，如1981M3表示党家沟1981年发掘的第3号墓葬。

彩、制作者、订件人、所在位置、相关器物、鉴定意见、发现人中有可著录者，均在备注项中列出。画像石墓表包括墓葬所在地、时代、墓葬所处地理环境、封土情况、发现和清理发掘时间、墓向、墓葬形制、随葬器物、棺椁尸骨、画像石装置，发现人、发掘主持人也在备注项中注出。建立数据库的目的和价值在于对数据库中的所有记录进行检索、比较、统计、分析，以期达到研究的完备性和规范性。[8]

5. 文献目录

文献目录列出一个区域（指对汉画集中地区的归纳，如陕北、南阳、徐州、四川等，多根据汉画研究的分区，而非严格的行政区划）有关汉画内容的古文献、研究论著和论文索引，并附内容提要。在每件汉画著录中列专项注出其相关研究文献。

6. 索引

按主题词和关键词建立索引项，待全部工作结束之后，做成总索引。因为《汉画总录》的分卷编辑虽然是按现在保管地区为单位齐头并进，但各种图像材料基本按出土地点各归其所，所以地名部分不出分卷索引，只在总索引中另行编排。

朱青生

北京大学历史学系艺术史教研室

北京大学汉画研究所

2006 年 7 月 31 日

---

[8] 对于存在大量样本和繁杂信息的研究对象，数据库的应用是有效的。在考古类型学中，传统的制表耗费时力，且不便记忆和阅读，细碎的分类常有割裂有机整体之弊。《汉画总录》的设想是：（1）无论已有公论还是存疑的图像，一律不沿用旧有的命名及在此基础上的分类，而按一致的规范和方法记录；（2）扩大图像信息的范畴，全面记录相关要素，包括出土状况（发掘/清理/收集）、发现人、出土时间、出土地点及其所属古代区划、画像材质、尺寸、所属墓葬形制、画像位置、随葬器物及其位置、画像保存状况、铭文、已有断代、画像资料出处、相关图片、相关研究、收藏地等。图像则记录单位图像的位置及其间的组合情况；（3）利用数据库，按不同线索和层次对图像信息进行查询、检索，根据统计结果作出判断。

目　录

前　言

　　目前全国画像石的分布区域，大致划定了四个大区，陕北为其一。按照今天的行政区划，陕北应包括延安、榆林两个地区。早在 20 世纪 20 年代发现郭季妃夫妇合葬墓画像石以来，榆林地区所辖的十二个县中，绥德、米脂、神木、榆阳区、靖边、横山、子洲、清涧、吴堡等地不断发现画像石，截至目前，数量已逾 1200 块。北部相邻的内蒙古地区壁画墓的发现和少量的画像石出土，说明画像石的流行地域已经北至内蒙古包头一带。[1] 东南部隔黄河相望的山西省晋西北离石地区大量和陕北画像石风格相一致的画像石的发现，均打破了今天关于"陕北"的行政区划。而南部与榆林毗连区划属于"陕北"的延安地区却至今未见有汉代画像石出土的报道。

　　汉代的上郡、西河、朔方等郡同属并州。上郡辖地极广，东部已过黄河，西部至梁山山脉，北部跨越圜水直至无定河流域，南部尽桥山包括了延安地区的部分地域。西河郡本魏地，战国末并入秦。大致范围在今内蒙古伊克昭盟、榆林市、晋西北地区。顺帝永和五年（公元 140 年）汉王朝迫于匈奴的军事威胁，将西河郡治所由内蒙古的平定迁至今山西省离石县。今陕北榆林地区和山西省吕梁地区、内蒙古中南部部分地区分别是上郡和西河郡的辖地，画像石就出在汉代上郡和西河郡的辖地范围内。因此，目前，不论从汉代郡县的格局和范围，还是从今天的行政区划来看，加上画像石出土情况的佐证，"陕北画像石"这一习惯性称谓显然不准确，以行政区划分别称之"榆林地区画像石"、"晋西北画像石"、"伊克昭盟画像石"较为合适。

　　榆林地区画像石墓主要分布在盛产石板的汉代郡县设置地的周围，即今无定河流域的绥德、米脂、子洲、清涧、吴堡县，突尾河流域的神木县，位于长城沿线，又在无定河流域的榆阳区、横山、靖边三县均有发现。神木县大保当、乔岔滩，榆阳区麻黄梁、红石桥的画像石出土地，已跨越长城以外。画像石中狩猎题材的画面，头戴胡帽、身着异服、脚蹬筒靴的牵驼人，舞者，技击者形象，墓葬中以狗、羊、鹿杀殉的习俗，残留的随葬器物铜马具、带扣等，明显具有匈奴文化特征；肩部篆刻"羌"字的陶罐，明显反映了羌人的遗风。这些实物资料对于研究古代北方多民族聚居的大概情形弥足珍贵。

　　秦汉时期，上郡、西河郡均为边郡之地，屯兵必多，加上移民实边的人数增加，促进了这一带的农牧业、手工业和商业的大发展，随之产生了众多大地主、大牧主、经商富户，还有那些戍边的将士，他们或者富甲一方，或者权势赫赫，在盛产石板的上郡、西河郡的辖地范围内，众多权势之流、富豪之辈，争相效仿，营造规格相对较高的画像石墓的群体逐渐形成，用画像石装饰

---

[1]　《包头发现汉代彩绘画像石墓》，载《美术观察》2008 年第 11 期，34 页。

墓室的葬俗便风行起来。绥德县黄家塔、四十里铺、延家岔，米脂县官庄，神木县大保当均有大的画像石墓葬群遗存。从铭刻文字的纪年石看，黄家塔、官庄同一墓地近距离内出土的多块铭刻王姓、牛姓的铭文，可证明是王氏、牛氏家族墓地。依据墓葬的排列形式、布局、墓室内的遗存，结合铭刻的文字内容，对于研究家族墓地形成的时代以及家族辈分之间的承袭关系都是不可多得的实物佐证。

汉代上郡、西河郡一带一定有些享誉一时的能工巧匠，绥德黄家塔辽东太守墓出土的画像石上铭刻的"巧工王子、王成"就是其中的代表。神木大保当、绥德郝家沟、榆阳区麻黄梁出土的画像石上，形制规格完全相同的长方形印记，是否就是当时某个活跃在从神木到绥德数百里地域内的知名匠师或石工作坊的标识，也是我们探索诸如区域性艺术和不同工匠的技术水平、传统特色的实物依据。

榆林地区画像石产生、盛行的时代背景（包括政治、经济、文化、观念和习俗），与其他地区画像石的源流关系、地域性差异，制作画像石的匠师、石工的组合及流派，使用格套模本的制作习惯、地域习惯和流行风气等因素所起的作用，同一题材的单元在画像石中的应用、同一题材的画像石在墓室设放的位置，特定区域不同时期的画像题材、技法和风格变化，等等，都是有待进一步追索的课题。

《汉画总录》1-10卷采用数据库方式著录目前所能收集到的画像石的原石照、拓片和线描图，编辑时不对所见材料做任何刻意诠释，而是作为对榆林地区画像石进行整体性观察和研究的较为全面的基础样本。

《汉画总录》编辑部

城关镇县城西门外西山寺王得元墓墓门面五石组合
SSX-SD-001-01—SSX-SD-001-05

编号	SSX-SD-001-01
时代	东汉
原收藏号	不详
出土地	城关镇县城西门外西山寺（原保育小学院内）
原石尺寸	186×36
画面尺寸	153×(30-35)
质地	砂岩
原石情况	不详
所属墓群	王得元墓
组合关系	门楣石，与左、右门柱，左、右门扉为墓门面五石组合。
画面简述	画面分内、外两栏。外栏为卷云鸟兽纹。左、右两端各阳刻一圆形，象征日、月。卷云鸟兽纹两端仙人扶托云头。卷云间穿插羽人、玉兔捣药、金吾、九尾狐、麒麟、羽人拽怪兽尾、怪兽衔虎尾前行。内栏以瑞草为界，画面分为五组。从左至右为玉兔捣药、羽人持献瑞草、飞翔和伫立的朱雀与凤鸟，中间补白一飞翔小鸟，麒麟、独角有翼犀牛形怪兽、翼龙。
著录与文献	陕西省博物馆、陕西省文物管理委员会合编：《陕北东汉画像石刻选集》，北京：文物出版社，1959年，14页，图1；李林、康兰英、赵力光：《陕北汉代画像石》，西安：陕西人民出版社，1995年，图164；汤池：《中国画像石全集5：陕西、山西汉画像石》，济南：山东美术出版社，2000年，图74；绥德汉画像石展览馆编，李贵龙、王建勤主编：《绥德汉代画像石》，西安：陕西人民美术出版社，2001年，84-85页，图38；曹世玉总编：《绥德文库——汉画像石卷》，北京：中国文史出版社，2004年，326页，图292。
出土/征集时间	1952年出土，1953年征集
收藏地	中国国家博物馆

SSX-SD-001-01（局部）

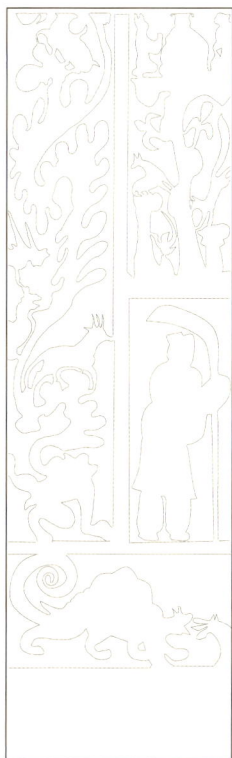

编号	SSX-SD-001-02
时代	东汉
原收藏号	
出土地	城关镇县城西门外西山寺（原保育小学院内）
原石尺寸	121×36
画面尺寸	82×29
质地	砂岩
原石情况	
所属墓群	王得元墓
组合关系	左门柱，与门楣石、右门柱，左、右门扉为墓门面五石组合。
画面简述	画面分上、下两格。上格分左、右两栏。左栏为卷云鸟兽纹，上端有羽人持献瑞草，下端一熊托举云头，卷云中穿插了羽人戏兽、三角怪兽等。右栏分上、下两格。上格为西王母端坐于仙山神树之上，左右有玉兔、羽人跪侍。树干上生出瑞草，树干间有狐、鹿和飞鸟。下格为一门吏，头戴平巾帻，身着长襦大袴，拥彗面门而立。下格为玄武。
著录与文献	陕西省博物馆、陕西省文物管理委员会合编：《陕北东汉画像石刻选集》，北京：文物出版社，1959 年，15 页，图 2；李林、康兰英、赵力光：《陕北汉代画像石》，西安：陕西人民出版社，1995 年，图 165；汤池：《中国画像石全集 5：陕西、山西汉画像石》，济南：山东美术出版社，2000 年，图 72；绥德汉画像石展览馆编，李贵龙、王建勤主编：《绥德汉代画像石》，西安：陕西人民美术出版社，2001 年，84 页，图 38；曹世玉总编：《绥德文库——汉画像石卷》，北京：中国文史出版社，2004 年，326 页，图 293。
出土/征集时间	1952 年出土，1953 年征集
收藏地	中国国家博物馆

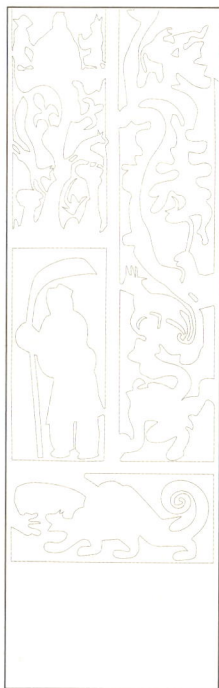

编号	SSX-SD-001-03
时代	东汉
原收藏号	不详
出土地	城关镇县城西门外西山寺（原保育小学院内）
原石尺寸	118×36
画面尺寸	83×29
质地	砂岩
原石情况	
所属墓群	王得元墓
组合关系	右门柱，与门楣石，左门柱，左、右门扉为墓门面五石组合。
画面简述	画面分上、下两格。上格分左、右两栏。右栏为卷云鸟兽纹，上端云头生出瑞草，下端一熊托举云头，卷云中穿插三角怪兽等。左栏分上、下两格。上格为东王公端坐仙山神树之上，左右有玉兔、羽人跪侍。树干上生出瑞草，树干间有狐、鹿和飞鸟。下格为一门吏，头戴平巾帻，身着长襦大袴，拥彗面门而立。下格为玄武。
著录与文献	陕西省博物馆、陕西省文物管理委员会合编：《陕北东汉画像石刻选集》，北京：文物出版社，1959年，15页，图3；李林、康兰英、赵力光：《陕北汉代画像石》，西安：陕西人民出版社，1995年，图168；汤池：《中国画像石全集5：陕西、山西汉画像石》，济南：山东美术出版社，2000年，图73；绥德汉画像石展览馆编，李贵龙、王建勤主编：《绥德汉代画像石》，西安：陕西人民美术出版社，2001年，85页，图38；曹世玉总编：《绥德文库——汉画像石卷》，北京：中国文史出版社，2004年，327页，图296。
出土/征集时间	1952年出土，1953年征集
收藏地	中国国家博物馆
备注	左、右门柱使用同一模板制作。

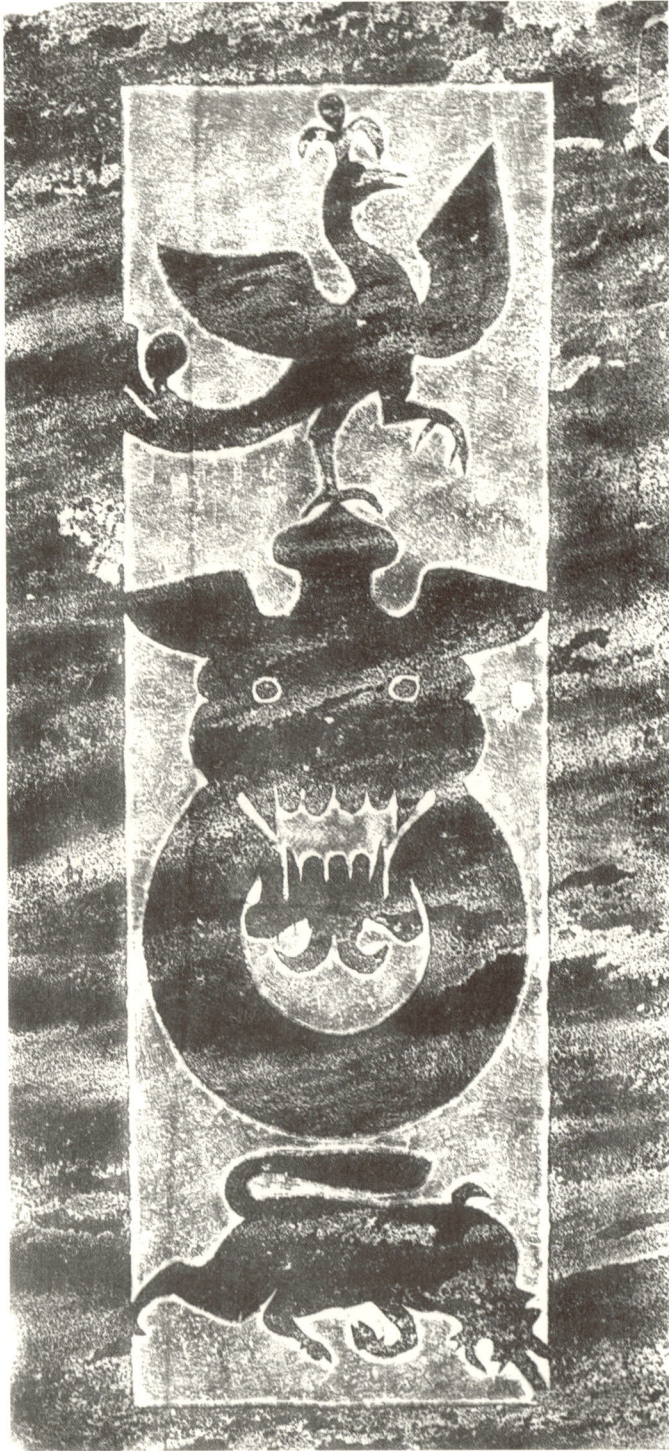

编号	SSX-SD-001-04
时代	东汉
原收藏号	不详
出土地	城关镇县城西门外西山寺（原保育小学院内）
原石尺寸	110×53
画面尺寸	93×31
质地	砂岩
原石情况	正面平整。
所属墓群	王得元墓
组合关系	左门扉，与门楣石，左、右门柱，右门扉为墓门面五石组合。
画面简述	朱雀、铺首、独角兽。铺首眼睛、口腔以阴线刻画。
著录与文献	陕西省博物馆、陕西省文物管理委员会合编：《陕北东汉画像石刻选集》，北京：文物出版社，1959 年，16 页，图 4；李林、康兰英、赵力光：《陕北汉代画像石》，西安：陕西人民出版社，1995 年，图 166；汤池：《中国画像石全集 5：陕西、山西汉画像石》，济南：山东美术出版社，2000 年，图 70；绥德汉画像石展览馆编，李贵龙、王建勤主编：《绥德汉代画像石》，西安：陕西人民美术出版社，2001 年，84 页，图 38；曹世玉总编：《绥德文库——汉画像石卷》，北京：中国文史出版社，2004 年，326 页，图 294。
出土/征集时间	1952 年出土，1953 年征集
收藏地	中国国家博物馆

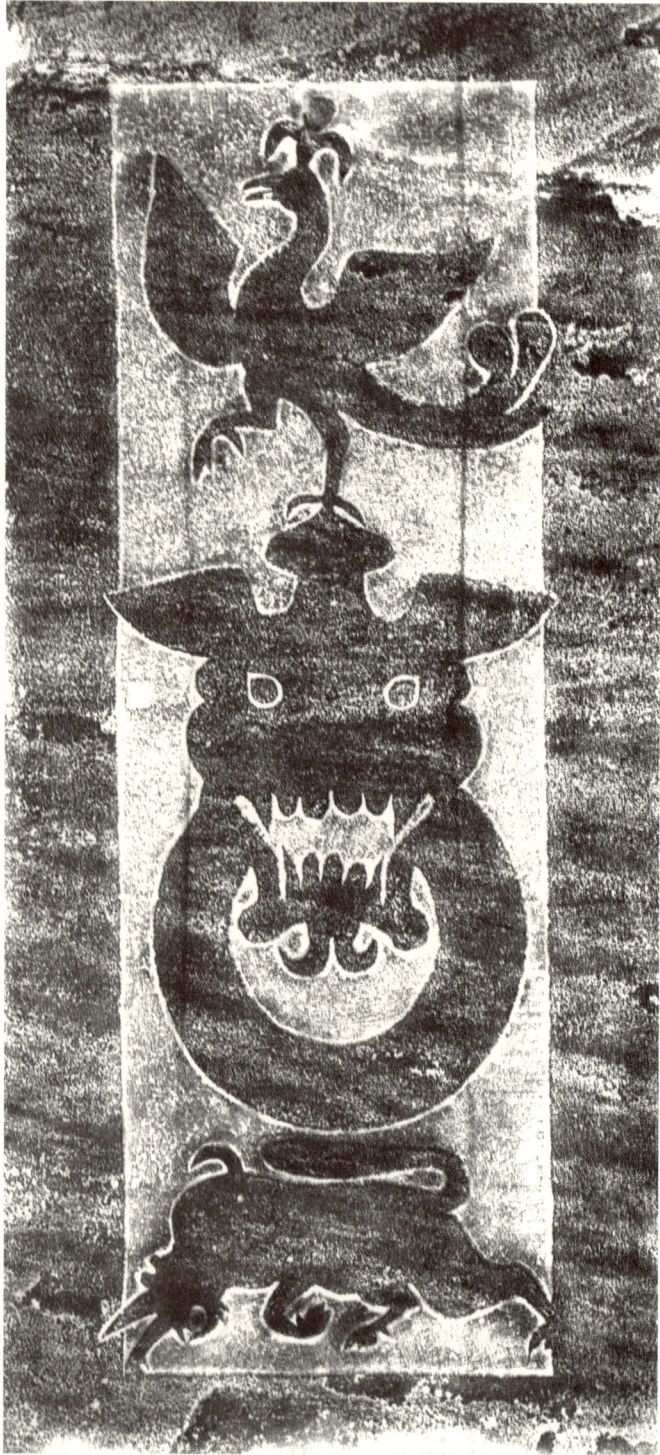

编号	SSX-SD-001-05
时代	东汉
原收藏号	不详
出土地	城关镇县城西门外西山寺（原保育小学院内）
原石尺寸	109×52
画面尺寸	92×31
质地	砂岩
原石情况	正面平整。
所属墓群	王得元墓
组合关系	右门扉，与门楣石、左、右门柱、左门扉为墓门面五石组合。
画面简述	朱雀、铺首、独角兽。铺首眼睛、口腔以阴线刻画。
著录与文献	陕西省博物馆、陕西省文物管理委员会合编：《陕北东汉画像石刻选集》，北京：文物出版社，1959 年，16 页，图 5；李林、康兰英、赵力光：《陕北汉代画像石》，西安：陕西人民出版社，1995 年，图 167；汤池：《中国画像石全集 5：陕西、山西汉画像石》，济南：山东美术出版社，2000 年，图 71；绥德汉画像石展览馆编，李贵龙、王建勤主编：《绥德汉代画像石》，西安：陕西人民美术出版社，2001 年，85 页，图 38；曹世玉总编：《绥德文库——汉画像石卷》，北京：中国文史出版社，2004 年，326 页，图 295。
出土/征集时间	1952 年出土，1953 年征集
收藏地	中国国家博物馆
备注	左、右门扉使用同一模板制作。

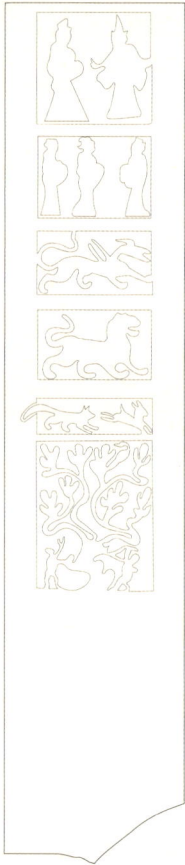

城关镇县城西门外西山寺王得元墓墓室前室北壁五石组合
SSX-SD-001-06—SSX-SD-001-10

编号 SSX-SD-001-06

时代 东汉

原收藏号 不详

出土地 城关镇县城西门外西山寺（原保育小学院内）

原石尺寸 245×35

画面尺寸 241×31

质地 砂岩

原石情况 正面平整。

所属墓群 王得元墓

组合关系 横楣石，与左、右边柱、左、右门柱为墓室前室北壁五石组合。

画面简述 画面正中矗立一三层阁楼，台基（一层）均有尖喙长颈鸟站立。阁楼两边分内、外两栏。外栏为卷云端兽纹。其间穿插玉兔捣药、瑞草、龙、虎等瑞兽。内栏为瑞草和龙、凤、双头鹿、人面鸟等灵禽瑞兽。

著录与文献 陕西省博物馆、陕西省文物管理委员会合编：《陕北东汉画像石刻选集》，北京：文物出版社，1959年，17-18页，图6-7；李林、康兰英、赵力光：《陕北汉代画像石》，西安：陕西人民出版社，1995年，图169；汤池：《中国画像石全集5：绥德汉代画像石》，西安：山东美术出版社，2000年，图86；绥德汉画像石展览馆编、李贵龙、王建勤主编：《绥德汉代画像石》，西安：陕西人民美术出版社，2001年，92页，图41；曹世玉总编：《绥德文库——汉画像石卷》，北京：中国文史出版社，2004年，336页，图307。

出土/征集时间 1952年出土，1953年征集

收藏地 中国国家博物馆

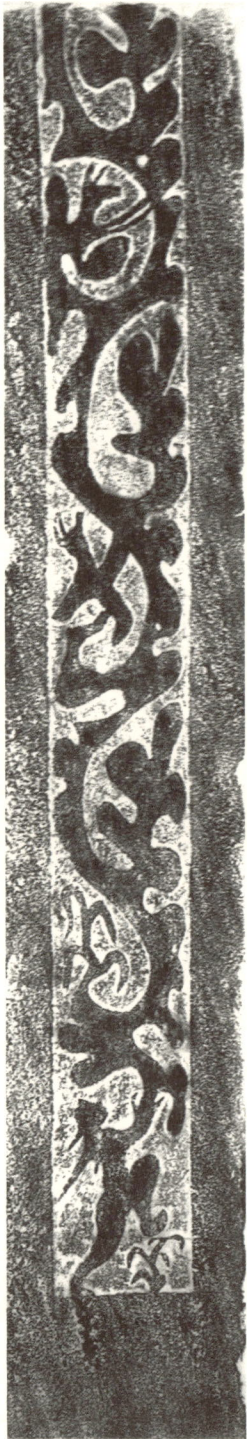

编号	SSX-SD-001-07
时代	东汉
原收藏号	不详
出土地	城关镇县城西门外西山寺（原保育小学院内）
原石尺寸	136×23
画面尺寸	92×11
质地	砂岩
原石情况	原石完整，正面平整。
所属墓群	王得元墓
组合关系	左边柱，与横楣石，右边柱，左、右门柱为墓室前室北壁五石组合。
画面简述	羽人承托卷云纹，间填朱雀、瑞草（嘉禾？）等。
著录与文献	李林、康兰英、赵力光：《陕北汉代画像石》，西安：陕西人民出版社，1995年，图170；绥德汉画像石展览馆编，李贵龙、王建勤主编：《绥德汉代画像石》，西安：陕西人民美术出版社，2001年，92页，图41；曹世玉总编：《绥德文库——汉画像石卷》，北京：中国文史出版社，2004年，336页，图308。
出土/征集时间	1952年出土，1953年征集
收藏地	中国国家博物馆

编　号	SSX-SD-001-08
时　代	东汉
原收藏号	不详
出土地	城关镇县城西门外西山寺（原保育小学院内）
原石尺寸	134×23
画面尺寸	92×12
质　地	砂岩
原石情况	正面平整。
所属墓群	王得元墓
组合关系	右边柱，与横楣石，左边柱，左、右门柱为墓室前室北壁五石组合。
画面简述	羽人承托卷云纹，间填朱雀、瑞草（嘉禾？）等。
著录与文献	李林、康兰英、赵力光：《陕北汉代画像石》，西安：陕西人民出版社，1995 年，图173；绥德汉画像石展览馆编，李贵龙、王建勤主编：《绥德汉代画像石》，西安：陕西人民美术出版社，2001 年，93 页，图 41；曹世玉总编：《绥德文库——汉画像石卷》，北京：中国文史出版社，2004 年，337 页，图 311。
出土/征集时间	1952 年出土，1953 年征集
收藏地	中国国家博物馆

编号	SSX-SD-001-09
时代	东汉
原收藏号	不详
出土地	城关镇县城西门外西山寺（原保育小学院内）
原石尺寸	135×29
画面尺寸	90×19
质地	砂岩
原石情况	正面平整。
所属墓群	王得元墓
组合关系	左门柱，与横楣石，左、右边柱，右门柱为墓室前室北壁五石组合。
画面简述	画面自上而下分六格。第一格：两人均身着长袍，居左者戴进贤冠，拥袖而立，居右者戴通天冠，双手朝前摊开，两人相对站立对语。第二格：左两人，右一人均戴冠着袍，袖手相对而立，似为互相对语。第三格：翼龙。第四格：虎。第五格：狐追兔。第六格：枝叶繁茂的树下，一人张弓瞄射树上一鸟，一人振臂仰视，手中持不明器物。
著录与文献	陕西省博物馆、陕西省文物管理委员会合编：《陕北东汉画像石刻选集》，北京：文物出版社，1959年，19页，图8；李林、康兰英、赵力光：《陕北汉代画像石》，西安：陕西人民出版社，1995年，图171；汤池：《中国画像石全集5：陕西、山西汉画像石》，济南：山东美术出版社，2000年，图80；绥德汉画像石展览馆编，李贵龙、王建勤主编：《绥德汉代画像石》，西安：陕西人民美术出版社，2001年，92页，图41；曹世玉总编：《绥德文库——汉画像石卷》，北京：中国文史出版社，2004年，336页，图309。
出土/征集时间	1952年出土，1953年征集
收藏地	中国国家博物馆

编号	SSX-SD-001-10
时代	东汉
原收藏号	不详
出土地	城关镇县城西门外西山寺（原保育小学院内）
原石尺寸	128×29
画面尺寸	90×18
质地	砂岩
原石情况	正面平整。
所属墓群	王得元墓
组合关系	右门柱，与横楣石、左、右边柱，左门柱为墓室前室北壁五石组合。
画面简述	画面自上而下分五格。第一格：两人坐在榻上交谈，居左者戴平顶冠，着袍袖手而坐，居右者戴通天冠，着袍伸手，似在讲述。第二格：直立翼龙、翼虎相对。第三格：翼龙。第四格：虎。第五格：枝叶繁茂的一株树。
著录与文献	陕西省博物馆、陕西省文物管理委员会合编：《陕北东汉画像石刻选集》，北京：文物出版社，1959年，20页，图9；李林、康兰英、赵力光：《陕北汉代画像石》，西安：陕西人民出版社，1995年，图172；汤池：《中国画像石全集5：陕西、山西汉画像石》，济南：山东美术出版社，2000年，图81；绥德汉画像石展览馆编，李贵龙、王建勤主编：《绥德汉代画像石》，西安:陕西人民美术出版社，2001年，93页，图41；曹世玉总编：《绥德文库——汉画像石卷》，北京：中国文史出版社，2004年，337页，图310。
出土/征集时间	1952年出土，1953年征集
收藏地	中国国家博物馆

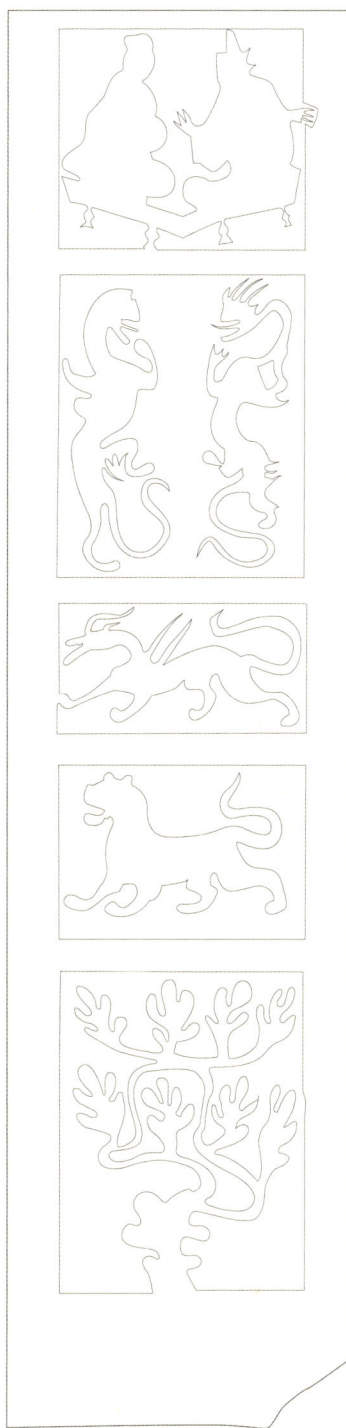

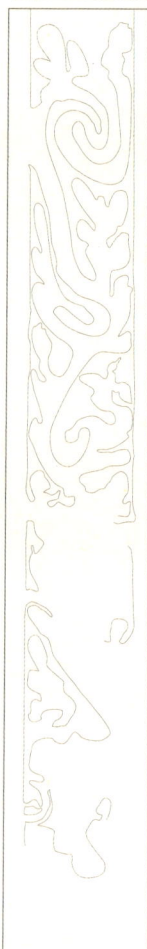

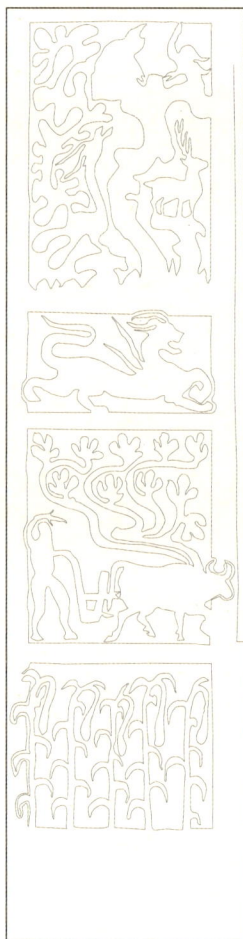

城关镇县城西门外西山寺王得元墓墓室前室东壁五石组合
SSX-SD-001-11—SSX-SD-001-15

编号　　　　SSX-SD-001-11

时代　　　　东汉

原收藏号　　不详

出土地　　　坡关镇县城西门外西山寺（原保育小学院内）

原石尺寸　　251×36

画面尺寸　　241×28

质地　　　　砂岩

原石情况　　正面平整。

所属墓群　　王得元墓

组合关系　　横楣石，与左、右边柱、左、右门柱为墓室前室东壁五石组合。

画面简述　　画面正中矗立二层阁楼，一楼内为男女两人袖手对坐。屋顶面两羽人作攀爬状。阁楼两边分为内、外两栏。外栏为卷云纹。内栏为放牧图，左边五马奔驰，一马伫立，牧人执鞭骑马跟随。右边牛成群，缓步前行，牧人执鞭骑马跟随。画面朴白瑞草，奔走的狐、兔和飞翔的鸟。

著录与文献　陕西省博物馆、陕西省文物管理委员会合编《陕北东汉画像石刻选集》，北京：文物出版社，1959年，22页，图11；李林、康兰英、赵力光：《陕北汉代画像石》，西安：陕西人民出版社，1995年，图174；汤池：《中国画像石全集5：陕西、山西汉画像石》，济南：山东美术出版社，2000年，图75；绥德汉画像石展览馆编，李贵龙、王建勤主编：《绥德汉代画像石》，西安：陕西人民美术出版社，2001年，86页，图39；曹世玉总编：《绥德文库——汉画像石卷》，北京：中国文史出版社，2004年，328页，图297。

出土/征集时间　1952年出土，1953年征集

收藏地　　　　中国国家博物馆

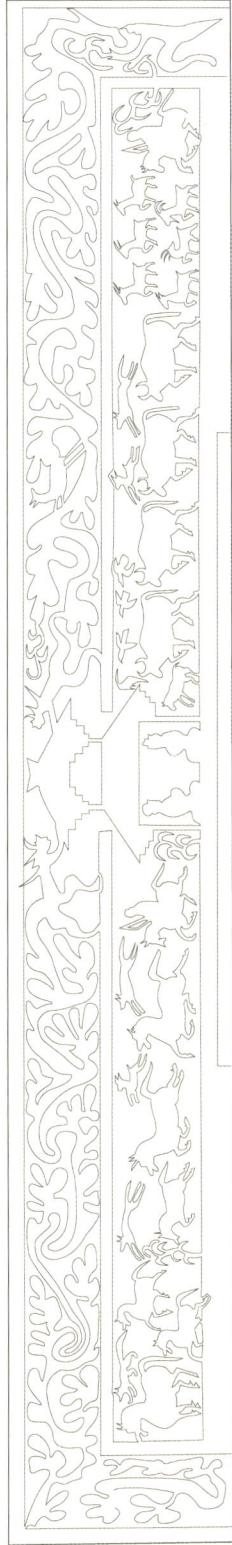

编号	SSX-SD-001-12
时代	东汉
原收藏号	不详
出土地	城关镇县城西门外西山寺（原保育小学院内）
原石尺寸	136×23
画面尺寸	90×12
质地	砂岩
原石情况	正面平整。
所属墓群	王得元墓
组合关系	左边柱，与横楣石，右边柱，左、右门柱为墓室前室东壁五石组合。
画面简述	卷云纹。
著录与文献	李林、康兰英、赵力光：《陕北汉代画像石》，西安：陕西人民出版社，1995 年，图175；绥德汉画像石展览馆编，李贵龙、王建勤主编：《绥德汉代画像石》，西安：陕西人民美术出版社，2001 年，86 页，图 39;曹世玉总编:《绥德文库——汉画像石卷》，北京：中国文史出版社，2004 年，328 页，图 298。
出土/征集时间	1952 年出土，1953 年征集
收藏地	中国国家博物馆

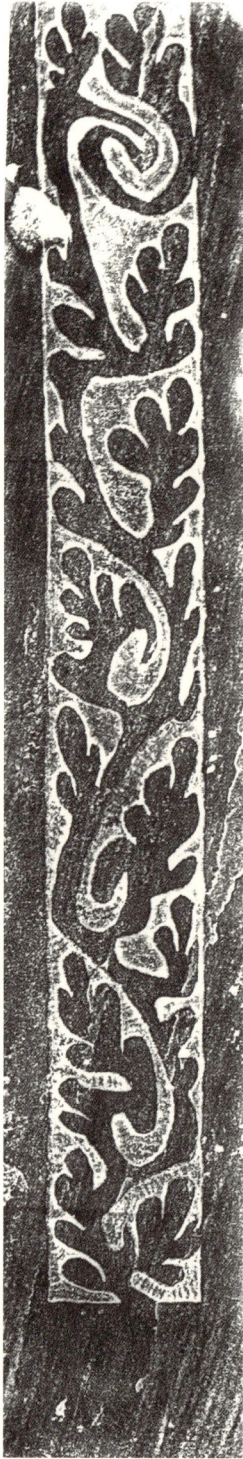

编号	SSX-SD-001-13
时代	东汉
原收藏号	不详
出土地	城关镇县城西门外西山寺（原保育小学院内）
原石尺寸	136×23
画面尺寸	92×12
质地	砂岩
原石情况	正面平整。
所属墓群	王得元墓
组合关系	右边柱，与横楣石，左边柱，左、右门柱为墓室前室东壁五石组合。
画面简述	卷云纹。
著录与文献	李林、康兰英、赵力光：《陕北汉代画像石》，西安：陕西人民出版社，1995年，图178；绥德汉画像石展览馆编，李贵龙、王建勤主编：《绥德汉代画像石》，西安：陕西人民美术出版社，2001年，87页，图39；曹世玉总编：《绥德文库——汉画像石卷》，北京：中国文史出版社，2004年，329页，图301。
出土/征集时间	1952年出土，1953年征集
收藏地	中国国家博物馆

编号 SSX-SD-001-14
时代 东汉
原收藏号 不详
出土地 城关镇县城西门外西山寺（原保育小学院内）
原石尺寸 138×28
画面尺寸 91×23
质地 砂岩
原石情况 正面平整。
所属墓群 王得元墓
组合关系 左门柱，与横楣石，左、右边柱，右门柱为墓室前室东壁五石组合。
画面简述 画面自上而下分为四格。第一格：两仙人在仙山神树上博弈，树干间雄鹿站立，一龙伸颈仰首。第二格：翼龙。第三格：牛耕图。在枝繁叶茂的树下，耕者右手扬鞭，左手扶犁，驱使一牛拉犁耕种。第四格：谷穗图。谷穗饱满下垂，谷杆粗壮直立。
著录与文献 李林、康兰英、赵力光：《陕北汉代画像石》，西安：陕西人民出版社，1995年，图176；汤池：《中国画像石全集5：陕西、山西汉画像石》，济南：山东美术出版社，2000年，图76；绥德汉画像石展览馆编，李贵龙、王建勤主编：《绥德汉代画像石》，西安：陕西人民美术出版社，2001年，86页，图39；曹世玉总编：《绥德文库——汉画像石卷》，北京：中国文史出版社，2004年，328页，图299。
出土/征集时间 1952年出土，1953年征集
收藏地 中国国家博物馆

编号	SSX-SD-001-15
时代	东汉
原收藏号	不详
出土地	城关镇县城西门外西山寺（原保育小学院内）
原石尺寸	135×29
画面尺寸	91×23
质地	砂岩
原石情况	正面平整。
所属墓群	王得元墓
组合关系	右门柱，与横楣石，左、右边柱，左门柱为墓室前室东壁五石组合。
画面简述	画面自上而下分为四格。第一格：两仙人在仙山神树上博弈，树干间雄鹿站立，一龙伸颈仰首。第二格：翼龙。第三格：牛耕图。在枝繁叶茂的树下，耕者左手扬鞭，右手扶犁，驱使一牛拉犁耕种。第四格：谷穗图。谷穗饱满下垂，谷杆粗壮直立。
著录与文献	陕西省博物馆、陕西省文物管理委员会合编：《陕北东汉画像石刻选集》，北京：文物出版社，1959年，25页，图15；李林、康兰英、赵力光：《陕北汉代画像石》，西安：陕西人民出版社，1995年，图177；汤池：《中国画像石全集5：陕西、山西汉画像石》，济南：山东美术出版社，2000年，图77；绥德汉画像石展览馆编，李贵龙、王建勤主编：《绥德汉代画像石》，西安：陕西人民美术出版社，2001年，87页，图39；曹世玉总编：《绥德文库——汉画像石卷》，北京：中国文史出版社，2004年，329页，图300。
出土/征集时间	1952年出土，1953年征集
收藏地	中国国家博物馆
备注	左、右门柱镜像相对，显为同一模板制作。

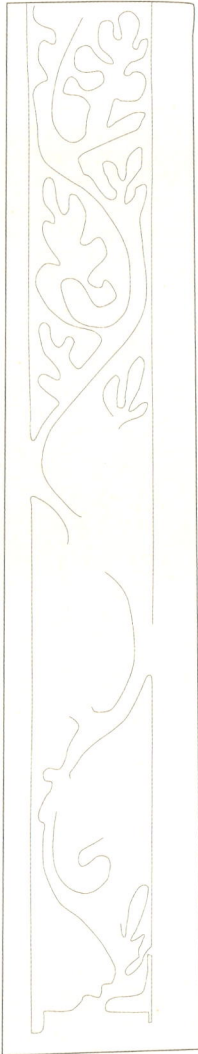

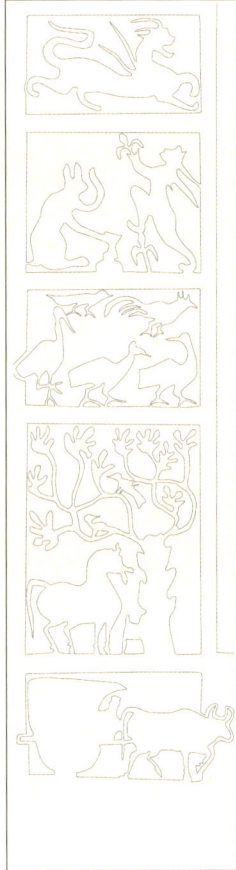

城关镇县城西门外西山寺王得元墓墓室前室西壁五石组合
SSX-SD-001-16—SSX-SD-001-20

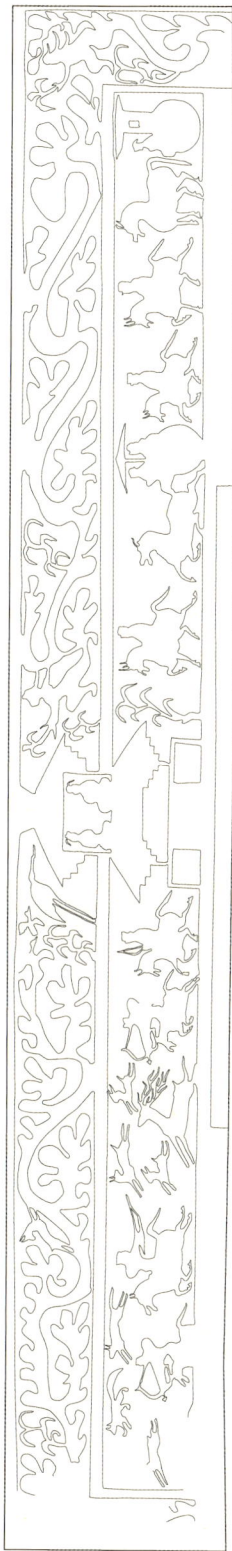

编号 SSX-SD-001-16

时代 东汉

原收藏号 不详

出土地 城关镇县城西门外西山寺（原保育小学院内）

原石尺寸 249×36

画面尺寸 244×28

质地 砂岩

原石情况 正面平整。

所属墓群 王得元墓

组合关系 横楣石，与左、右边柱、右门柱为墓室前室西壁五石组合。

画面简述 画面正中矗立二层阁楼，二层屋内两妇人均头梳垂髻簪华胜，着袍袖手对坐。二层屋顶左侧一尖喙长腿鸟面楼站立，右一羽人作献瑞草状。阁楼两边分为内、外栏。外栏为卷云纹。内栏左为狩猎图。三猎手张弓周猎追射惊恐奔逃的雄鹿、兔、狐，右栏左为狩猎图。右为车骑马奔驰。右车骑行进图。一轺车，前有导骑，后有从卫，亦前有导骑，车棚上阴刻一方形窗口。

著录与文献 陕西省博物馆、陕西省文物管理委员会合编：《陕北东汉画像石刻选集》，北京：文物出版社，1959年，21页，图10；李林、康兰英、赵力光：《陕北汉代画像石》，西安：陕西人民出版社，1995年，图186；汤池：《中国画像石全集5：陕西、山西汉画像石》，济南：山东美术出版社，2000年，图84；绥德汉画像石展览馆编，李贵龙、王建勤主编：《绥德汉代画像石》，西安：陕西人民美术出版社，2001年，90页，图40；曹世玉总编：《绥德文库——汉画像石卷》，北京：中国文史出版社，2004年，332页，图302。

出土/征集时间 1952年出土，1953年征集

收藏地 中国国家博物馆

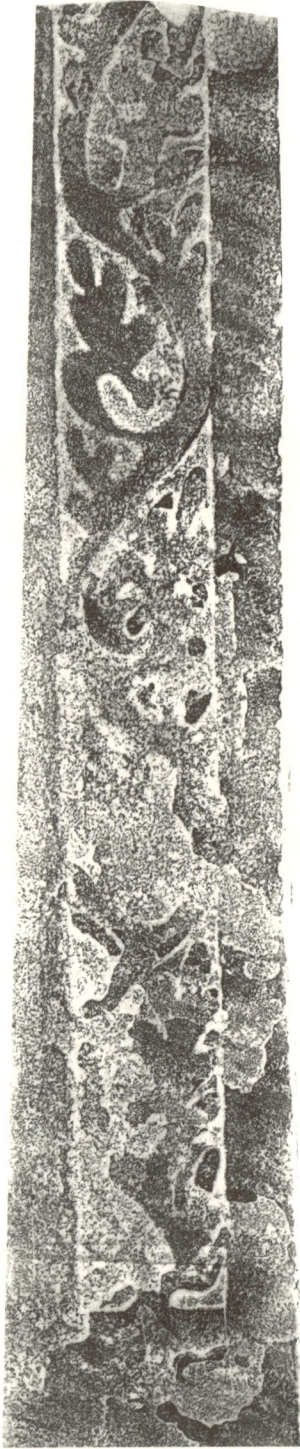

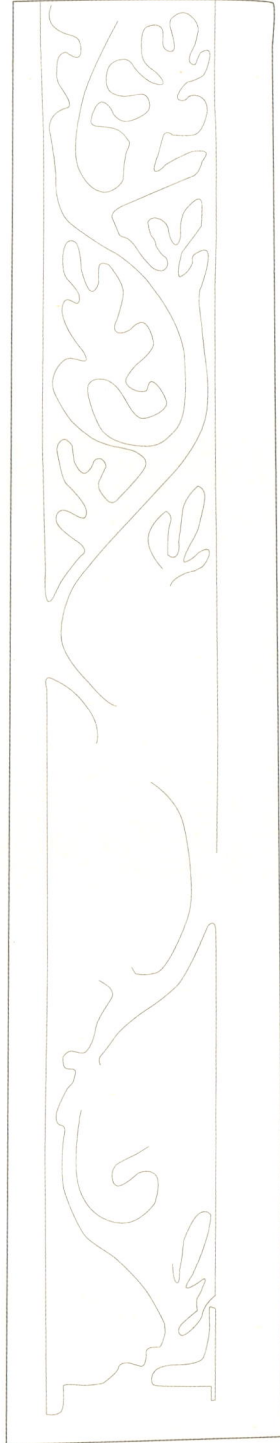

编号	SSX-SD-001-17
时代	东汉
原收藏号	不详
出土地	城关镇县城西门外西山寺（原保育小学院内）
原石尺寸	138×23
画面尺寸	91×11.5
质地	砂岩
原石情况	正面平整。
所属墓群	王得元墓
组合关系	左边柱，与横楣石，右边柱，左、右门柱为墓室前室西壁五石组合。
画面简述	卷云纹。
著录与文献	陕西省博物馆、陕西省文物管理委员会合编：《陕北东汉画像石刻选集》，北京：文物出版社，1959 年，24 页，图 13；李林、康兰英、赵力光：《陕北汉代画像石》，西安：陕西人民出版社，1995 年，图 187；绥德汉画像石展览馆编，李贵龙、王建勤主编：《绥德汉代画像石》，西安：陕西人民美术出版社，2001 年，90 页，图 40；曹世玉总编：《绥德文库——汉画像石卷》，北京：中国文史出版社，2004 年，332 页，图 303。
出土/征集时间	1952 年出土，1953 年征集
收藏地	中国国家博物馆

编号	SSX-SD-001-18
时代	东汉
原收藏号	不详
出土地	城关镇县城西门外西山寺（原保育小学院内）
原石尺寸	138×22
画面尺寸	91×12
质地	砂岩
原石情况	正面平整。
所属墓群	王得元墓
组合关系	右边柱，与横楣石，左边柱，左、右门柱为墓室前室西壁五石组合。
画面简述	画面为卷云纹，其下一熊扶托卷云，中间添刻一羽人捧举仙草，一怪兽。
著录与文献	李林、康兰英、赵力光：《陕北汉代画像石》，西安：陕西人民出版社，1995年，图190；绥德汉画像石展览馆编，李贵龙、王建勤主编：《绥德汉代画像石》，西安：陕西人民美术出版社，2001年，91页，图40；曹世玉总编：《绥德文库——汉画像石卷》，北京：中国文史出版社，2004年，333页，图306。
出土/征集时间	1952年出土，1953年征集
收藏地	中国国家博物馆

编号	SSX-SD-001-19
时代	东汉
原收藏号	不详
出土地	城关镇县城西门外西山寺（原保育小学院内）
原石尺寸	141×29
画面尺寸	92×21
质地	砂岩
原石情况	正面平整。
所属墓群	王得元墓
组合关系	左门柱，与横楣石，左、右边柱，右门柱为墓室前室西壁五石组合。
画面简述	画面自上而下分五格。第一格：翼龙。第二格：玉兔捣药、羽人捧举瑞草。第三格：雌雄鸡鸭。第四格：枝叶繁茂的树干上有一马槽，一马伫立于马槽前，树枝上有两鸟站立。第五格：牛拉屏车，驭手坐于车前。
著录与文献	陕西省博物馆、陕西省文物管理委员会合编：《陕北东汉画像石刻选集》，北京：文物出版社，1959年，23页，图12；李林、康兰英、赵力光：《陕北汉代画像石》，西安：陕西人民出版社，1995年，图188；绥德汉画像石展览馆编，李贵龙、王建勤主编：《绥德汉代画像石》，西安：陕西人民美术出版社，2001年，90页，图40；曹世玉总编：《绥德文库——汉画像石卷》，北京：中国文史出版社，2004年，332页，图304。
出土/征集时间	1952年出土，1953年征集
收藏地	中国国家博物馆

编号	SSX-SD-001-20
时代	东汉
原收藏号	不详
出土地	城关镇县城西门外西山寺（原保育小学院内）
原石尺寸	141×29
画面尺寸	92×22
质地	砂岩
原石情况	正面平整。
所属墓群	王得元墓
组合关系	右门柱，与横楣石，左、右边柱，左门柱为墓室前室西壁五石组合。
画面简述	画面自上而下分五格。第一格：翼龙。第二格：玉兔捣药、羽人捧举瑞草。第三格：雌雄鸡鸭。第四格：枝叶繁茂的树下拴一马。第五格：牛拉屏车，驭手坐于车前。
著录与文献	李林、康兰英、赵力光：《陕北汉代画像石》，西安：陕西人民出版社，1995 年，图189；汤池：《中国画像石全集 5：陕西、山西汉画像石》，济南：山东美术出版社，2000 年，图 79；绥德汉画像石展览馆编，李贵龙、王建勤主编：《绥德汉代画像石》，西安：陕西人民美术出版社，2001 年，91 页，图 40；曹世玉总编：《绥德文库——汉画像石卷》，北京：中国文史出版社，2004 年，333 页，图 305。
出土/征集时间	1952 年出土，1953 年征集
收藏地	中国国家博物馆
备注	左、右门柱除第四格稍作变化外，其余四格图像显为同一模板制作。

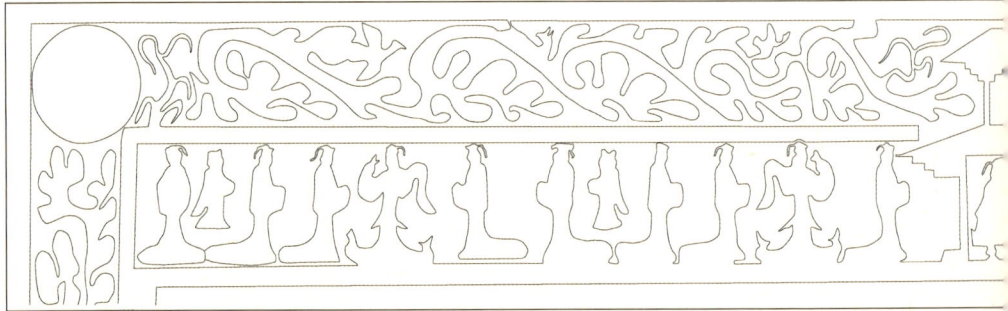

城关镇县城西门外西山寺王得元墓墓室前室南壁四石组合
SSX-SD-001-21—SSX-SD-001-24

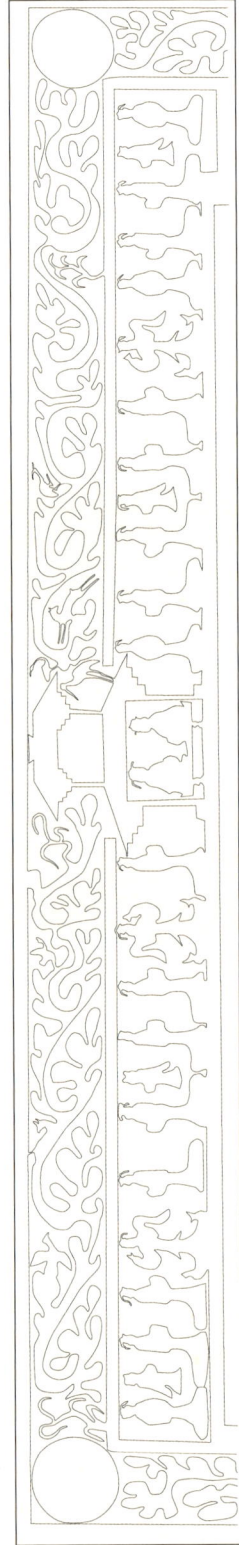

编号	SSX-SD-001-21
时代	东汉
原收藏号	不详
出土地	城关镇县城西门外西山寺（原保育小学院内）
原石尺寸	251×36
画面尺寸	244×30
质地	砂岩
原石情况	正面平整。
所属墓群	王得元墓
组合关系	横楣石，与左、右门柱、中柱石为墓室前至墓室南壁四石组合。

画面简述 画面正中矗立二层阁楼。一层屋顶站立一鸟，屋内两妇人静坐作语状，居左者头梳垂髾髻，着袍袖手与居右者对坐。阁楼两边分为内、外两栏，外栏为卷云纹，两端各阴刻一圆形，象征日、月。内栏为人物拜会，乐舞图。四小孩头梳双髻身着长袍站立。三舞伎发梳垂髾髻，挥臂翻翩起舞，着袍地长裙，着袍地垂髾髻，四人拥袖仁立。其余怀抱乐器（？）伴奏。其余的十多个妇人均梳垂髾髻。

著录与文献 陕西省博物馆、陕西省文物管理委员会合编:《陕北东汉画像石刻选集》，北京：文物出版社，1959年，26页，图16;李林、康兰英、赵力光:《陕北汉代画像石》，西安：陕西人民出版社，1995年，图181;汤池:《中国画像石全集5:陕西、山西汉画像石》，济南：山东美术出版社，2000年，图85;绥德汉画像石展览馆编，李贵龙、王建勤主编:《绥德汉代画像石》，西安：陕西人民美术出版社，2001年，94页，图42;曹世玉总编:《绥德文库——汉画画像石卷》，北京：中国文史出版社，2004年，338页，图312。

出土/征集时间	1952年出土，1953年征集
收藏地	中国国家博物馆

编号	SSX-SD-001-22
时代	东汉
原收藏号	不详
出土地	城关镇县城西门外西山寺（原保育小学院内）
原石尺寸	106×36
画面尺寸	92×27
质地	砂岩
原石情况	正面平整。
所属墓群	王得元墓
组合关系	左门柱，与横楣石、右门柱、中柱石为墓室前室南壁四石组合。
画面简述	画面分内、外两栏。外栏为卷云纹，与横楣石外栏的卷云纹衔接。内栏分五格。第一格：两人着拖地长裙站立，左一人梳垂髻鬟。第二格：两人均戴冠着袍站立，居左者伸双手作讲述状。居右者袖手恭听。第三格：两人均戴通天冠，着袍袖手对面站立，似在交谈。第五格：两人均戴冠着袍，袖手同向前后站立。第六格：树下拴马。
著录与文献	陕西省博物馆、陕西省文物管理委员会合编：《陕北东汉画像石刻选集》，北京：文物出版社，1959 年，28 页，图 18；李林、康兰英、赵力光：《陕北汉代画像石》，西安：陕西人民出版社，1995 年，图 182；汤池：《中国画像石全集 5：陕西、山西汉画像石》，济南：山东美术出版社，2000 年，图 83；绥德汉画像石展览馆编，李贵龙、王建勤主编：《绥德汉代画像石》，西安：陕西人民美术出版社，2001 年，94 页，图 42；曹世玉总编：《绥德文库——汉画像石卷》，北京：中国文史出版社，2004 年，338 页，图 313。
出土/征集时间	1952 年出土，1953 年征集
收藏地	中国国家博物馆

编号	SSX-SD-001-23
时代	东汉
原收藏号	不详
出土地	城关镇县城西门外西山寺（原保育小学院内）
原石尺寸	132×36
画面尺寸	92×28
质地	砂岩
原石情况	正面平整。
所属墓群	王得元墓
组合关系	右门柱，与横楣石、左门柱、中柱石为墓室前室南壁四石组合。
画面简述	画面分内、外两栏。外栏为卷云纹。内栏分五格。第一格：神树之巅，两仙人对弈。树干间有雄鹿站立，龙首向上。第二格：两人均戴冠着袍站立，居左者伸双手作讲述状，居右者袖手恭听。第三、第四格为人物拜会对语图。第五格：一雄鹿静卧于瑞草旁。
著录与文献	陕西省博物馆、陕西省文物管理委员会合编：《陕北东汉画像石刻选集》，北京：文物出版社，1959年，28页，图19；李林、康兰英、赵力光：《陕北汉代画像石》，西安：陕西人民出版社，1995年，图184；汤池：《中国画像石全集5：陕西、山西汉画像石》，济南：山东美术出版社，2000年，图82；绥德汉画像石展览馆编，李贵龙、王建勤主编：《绥德汉代画像石》，西安：陕西人民美术出版社，2001年，95页，图42；曹世玉总编：《绥德文库——汉画像石卷》，北京：中国文史出版社，2004年，339页，图315。
出土/征集时间	1952年出土，1953年征集
收藏地	中国国家博物馆

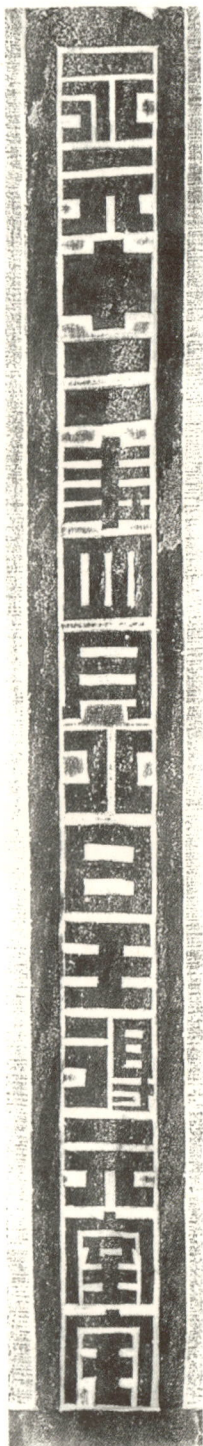

编号	SSX-SD-001-24
时代	东汉
原收藏号	不详
出土地	城关镇县城西门外西山寺（原保育小学院内）
原石尺寸	153×17
画面尺寸	99×8
质地	砂岩
原石情况	正面平整。
所属墓群	王得元墓
组合关系	中柱石，与横楣石，左、右门柱为墓室前室南壁四石组合。
画面简述	画面正中隶体阳刻十四个字，"永元十二年四月八日王得元室宅"。
著录与文献	陕西省博物馆、陕西省文物管理委员会合编：《陕北东汉画像石刻选集》，北京：文物出版社，1959年，27页，图17；李林、康兰英、赵力光：《陕北汉代画像石》，西安：陕西人民出版社，1995年，图183；绥德汉画像石展览馆编，李贵龙、王建勤主编：《绥德汉代画像石》，西安：陕西人民美术出版社，2001年，95页，图42；曹世玉总编：《绥德文库——汉画像石卷》，北京：中国文史出版社，2004年，338页，图314。
出土/征集时间	1952年出土，1953年征集
收藏地	中国国家博物馆

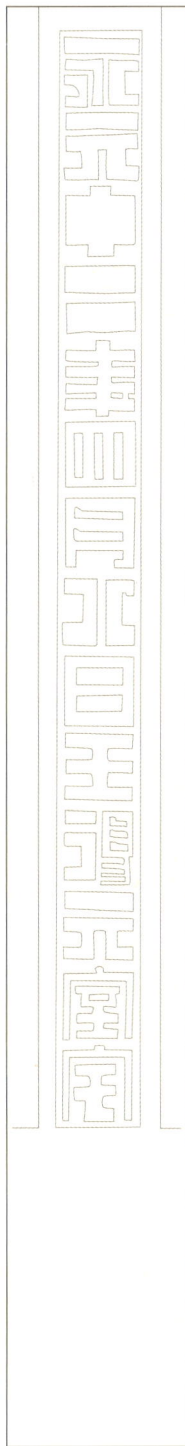

编号	SSX-SD-002
时代	东汉
原收藏号	2381-253
出土地	城关镇仓圪瘩
原石尺寸	40×54×6
画面尺寸	50×34
质地	砂岩
原石情况	为横楣石之残块，正面、背面、下侧面平整，上侧面呈毛石状，左、右侧面为断面。
所属墓群	不详
组合关系	不详
画面简述	画面分为上、下两栏。上栏为卷云纹，下栏仅见局部为瑞兽图。
著录与文献	曹世玉总编：《绥德文库——汉画像石卷》，北京：中国文史出版社，2004年，264页，图223。
出土/征集时间	1990年征集
收藏地	绥德县博物馆

编号	SSX-SD-003
时代	东汉
原收藏号	不详
出土地	崔家湾镇贺家沟砖窑梁
原石尺寸	146×37
画面尺寸	
质地	砂岩
原石情况	
所属墓群	
组合关系	
画面简述	画面分为上、下两格。上格分为内、外两栏。外栏为卷云鸟兽纹。纹饰中穿插狐、捣药玉兔、青鸟、武士拽怪兽尾、怪兽衔虎尾、鹿、羽人等。内栏上为西王母头戴胜仗,身着宽袖袍服,端坐于神树之巅,左、右有玉兔、羽人跪侍。树干间有鹿、狐、长尾鸟、瑞草。下一门吏头戴平巾帻,身着长襦大袴,双手拥彗,面门而立。下格正中置一博山炉,炉左右各立一妇人,均头梳垂髻髻,身着斜衽长袍,袖手立于博山炉旁。左一小孩站立于妇人前,伸手拨弄妇人的袍襟。右一小孩坐于地上,手举枝条,似在玩耍。画面上的动物身上,人物的衣服、五官均加阴线刻。
著录与文献	李林、康兰英、赵力光:《陕北汉代画像石》,西安:陕西人民出版社,1995年,图529;绥德汉画像石展览馆编,李贵龙、王建勤主编:《绥德汉代画像石》,西安:陕西人民美术出版社,2001年,178页,图109;曹世玉总编:《绥德文库——汉画像石卷》,北京:中国文史出版社,2004年,405页,图370。
出土/征集时间	1946年出土,1955年征集
收藏地	西安碑林博物馆
备注	因技术性原因,此件藏于西安碑林博物馆的画像石未能重新测绘原石,仅依拓片著录,待《汉画总录》补遗卷弥补。

编号	SSX-SD-004
时代	东汉
原收藏号	不详
出土地	崔家湾镇贺家湾
原石尺寸	37×86
画面尺寸	不详
质地	砂岩
原石情况	正面平整，其余侧面不详。
所属墓群	不详
组合关系	不详
画面简述	残存画面分上、下两栏。上栏为卷云纹。下栏三辆轺车行进，两人着袍匍匐于地，另一人戴冠着袍跪于地。
著录与文献	李林、康兰英、赵力光：《陕北汉代画像石》，西安：陕西人民出版社，1995年，图485。
出土/征集时间	1957年征集
收藏地	西安碑林博物馆

编号	SSX-SD-005-01
时代	东汉
原收藏号	不详
出土地	崔家湾镇贺家湾
原石尺寸	118×36
画面尺寸	不详
质地	砂岩
原石情况	正面平整，其余侧面不详。
所属墓群	不详
组合关系	左门柱，与右门柱为二石组合。
画面简述	画面分为上、下两格。上格分内、外两栏。外栏为卷云鸟兽纹，卷云中穿插瑞草、金吾、羽人。内栏分三格。第一格：一株高大的瑞草旁有一人站立。第二格：一株高大的瑞草旁，一人头戴通天冠，着襜褕面右站立。第三格：一门吏戴平巾帻，着长襦大袴，拥彗面门而立。下格一马夫戴帻着短褐，一手拿箕、一手执勾铲收拾马粪。
著录与文献	陕西省博物馆、陕西省文物管理委员会合编：《陕北东汉画像石刻选集》，北京：文物出版社，1959 年，97 页，图 91；李林、康兰英、赵力光：《陕北汉代画像石》，西安：陕西人民出版社，1995 年，图 484；汤池：《中国画像石全集 5：陕西、山西汉画像石》，济南：山东美术出版社，2000 年，图 134；绥德汉画像石展览馆编，李贵龙、王建勤主编：《绥德汉代画像石》，西安：陕西人民美术出版社，2001 年，160 页，图 91；曹世玉总编：《绥德文库——汉画像石卷》，北京：中国文史出版社，2004 年，459 页，图 417。
出土/征集时间	1957 年征集
收藏地	西安碑林博物馆

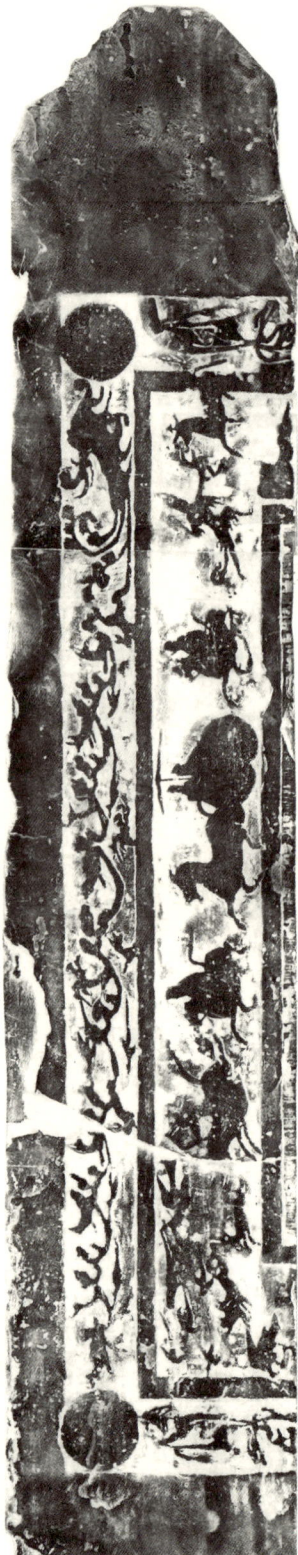

编号	SSX–SD–006
时代	东汉
原收藏号	不详
出土地	崔家湾镇贺家湾
原石尺寸	210×38
画面尺寸	不详
质地	砂岩
原石情况	正面平整。
所属墓群	不详
组合关系	不详
画面简述	画面分为内、外两栏。外栏为卷云纹，云头似幻化出一些动物形象。左、右两端各阳刻一圆形，象征日、月。内栏左边为狩猎图。一猎手张弓追射奔逃的鹿、狐、虎。左下角有苍鹰捉兔，上有数鸟惊飞。中间一辆轺车，前有导骑，后眼从卫奔驰。右为羽人持仙草戏（喂？）麒麟。
著录与文献	李林、康兰英、赵力光：《陕北汉代画像石》，西安：陕西人民出版社，1995年，图439；曹世玉总编：《绥德文库·画像石卷》，北京：中国文史出版社，2004年，456页，图414。
出土/征集时间	1957年征集
收藏地	西安碑林博物馆

编号	SSX-SD-007
时代	东汉
原收藏号	不详
出土地	崔家湾镇贺家湾
原石尺寸	110×40
画面尺寸	不详
质地	砂岩
原石情况	正面平整。
所属墓群	不详
组合关系	不详
画面简述	画面分为内、外两栏。外栏为卷云瑞兽纹，卷云间穿插羽人、麒麟、武士、狐。内栏上为西王母（东王公？）端坐神树之巅，树干间有狐、飞鸟、鹿。下一门吏带帻巾着袍，胡须飘拂，执彗面门而立。彗首加刻阴线。
著录与文献	李林、康兰英、赵力光：《陕北汉代画像石》，西安：陕西人民出版社，1995年，图532；曹世玉总编：《绥德文库——汉画像石卷》，北京：中国文史出版社，2004年，473页，图432。
出土/征集时间	1957年征集
收藏地	西安碑林博物馆

编号	SSX-SD-008
时代	东汉
原收藏号	不详
出土地	崔家湾镇贺家湾
原石尺寸	109×37
画面尺寸	不详
质地	砂岩
原石情况	正面平整。
所属墓群	不详
组合关系	不详
画面简述	画面分为上、下两格。上格分为内、外两栏。外栏为卷云鸟兽纹,其间穿插瑞草、羽人、鸟、翼龙、三角兽、鹿。内栏上为牛首人身神端坐神树之巅,树干间有鹿、狐、瑞草。下一门吏戴帻着长襦大袴,执彗面门而立。下格一马被拴,一猿、一羽人作攀爬状。
著录与文献	陕西省博物馆、陕西省文物管理委员会合编:《陕北东汉画像石刻选集》,北京:文物出版社,1959年,95页,图89;李林、康兰英、赵力光:《陕北汉代画像石》,西安:陕西人民出版社,1995年,图543。汤池:《中国画像石全集5:陕西、山西汉画像石》,济南:山东美术出版社,2000年,图133;绥德汉画像石展览馆编,李贵龙、王建勤主编:《绥德汉代画像石》,西安:陕西人民美术出版社,2001年,155页,图86;曹世玉总编:《绥德文库——汉画像石卷》,北京:中国文史出版社,2004年,394页,图361。
出土/征集时间	1957年征集
收藏地	西安碑林博物馆

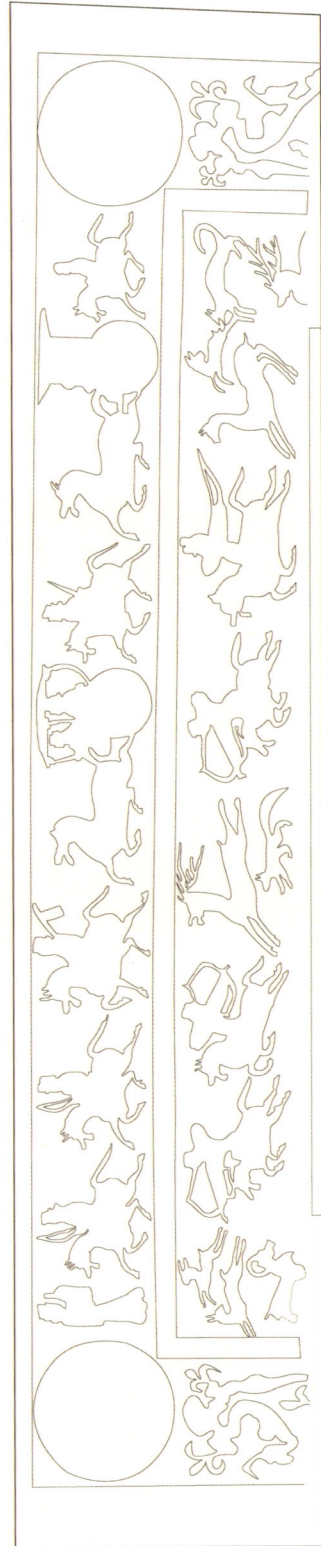

编号	SSX-SD-009
时代	东汉
原收藏号	不详
出土地	崔家湾镇贺家湾
原石尺寸	176×38
画面尺寸	不详
质地	砂岩
原石情况	正面平整。
所属墓群	不详
组合关系	不详

画面简述　画面分内、外两栏。外栏为车马行进图。左、右两端各阳刻一圆形，象征日、月。左一人戴冠着官服，腰佩长剑，手捧简牍，恭迎奔驰而来的车马队列。两执弓箭，一扛荣载状器的骑马从卫，后随背棒状器的骑马从卫。一辆辎车后随一徒手骑马从卫。内栏为狩猎图。右边三猎手张弓追射仓皇奔逃的鹿、狐、兔。右边的猎手反身朝部，箭已射中一鹿的胸部。一猎犬咬住了一奔逃兔子的后腿。画面左下角一盘角羊。右下角一雄鹿卧伏。

著录与文献　陕西省博物馆、陕西省文物管理委员会合编：《陕北东汉画像石刻选集》，北京：文物出版社，1959年，86/90页，图78/83；李林、康兰英、赵力光：《陕北汉代画像石》，西安：陕西人民出版社，1995年，图445；绥德汉画像石展览馆编：《绥德汉画像石》，西安：陕西人民美术出版社，2001年，142页，图76；曹世玉总编：《绥德文库——汉画像石卷》，北京：中国文史出版社，2004年，386页，图354。

出土/征集时间	1957年征集
收藏地	西安碑林博物馆

编号	SSX-SD-010-01
时代	东汉
原收藏号	不详
出土地	崔家湾镇贺家湾
原石尺寸	106×48
画面尺寸	不详
质地	砂岩
原石情况	正面平整，其余侧面不详。
所属墓群	不详
组合关系	左门扉，与右门扉为墓门面二石组合。
画面简述	朱雀、铺首、翼龙。铺首双眼阴线刻画，口腔阴刻。（翼龙头部剥蚀）
著录与文献	陕西省博物馆、陕西省文物管理委员会合编：《陕北东汉画像石刻选集》，北京：文物出版社，1959年，105页，图104；李林、康兰英、赵力光：《陕北汉代画像石》，西安：陕西人民出版社，1995年，图578；曹世玉总编：《绥德文库——汉画像石卷》，北京：中国文史出版社，2004年，481页，图442。
出土/征集时间	1957年征集
收藏地	西安碑林博物馆

编号	SSX-SD-010-02
时代	东汉
原收藏号	不详
出土地	崔家湾镇贺家湾
原石尺寸	106×48
画面尺寸	不详
质地	砂岩
原石情况	正面平整。
所属墓群	不详
组合关系	右门扉，与左门扉为墓门面二石组合。
画面简述	朱雀、铺首、虎。铺首、虎的口腔阴刻。
著录与文献	陕西省博物馆、陕西省文物管理委员会合编：《陕北东汉画像石刻选集》，北京：文物出版社，1959年，105页，图105；李林、康兰英、赵力光：《陕北汉代画像石》，西安：陕西人民出版社，1995年，图579；曹世玉总编：《绥德文库——汉画像石卷》，北京：中国文史出版社，2004年，481页，图443。
出土/征集时间	1957年征集
收藏地	西安碑林博物馆

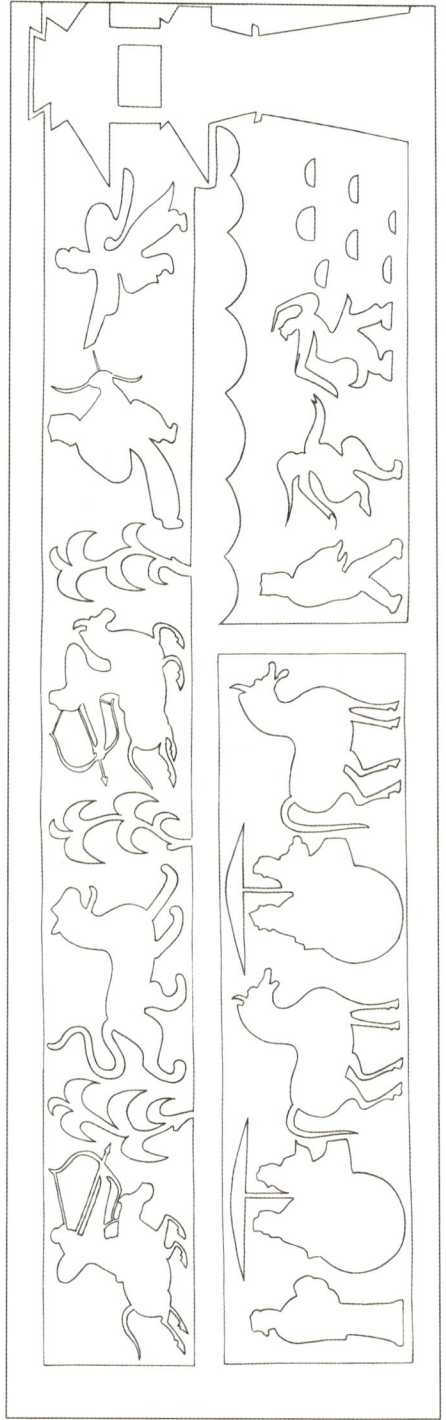

编号　SSX-SD-011

时代　东汉

原收藏号　不详

出土地　崔家湾镇贺家湾

原石尺寸　136×39

画面尺寸　不详

质地　砂岩

原石情况　正面平整，其余侧面不详。

所属墓群　不详

组合关系　不详

画面简述　原石右段残失。现可看到的为单幅，应为原石中间的图像。左边分为上、下两栏。上栏左为骑射图，两猎手围射一虎。下两栏。上栏左为骑射图，两猎手围射一虎。猎手与虎之间均有一株高大的瑞草。右边为技击图，两人分别持械格斗。下栏分左、右两格。左格两辆辎车停立，其后两辆辎车后甩，其后一人长举后甩。右格为七盘舞。前边的舞者一手执桴，一手持巾，踏盘而舞。一人戴冠着袍（捧物？）站立。右格为七盘舞。前边的舞者一手执桴，另一人怀抱一物（鼙鼓？）伴奏。抬腿伴舞，相随伴舞，另一人怀抱一物（鼙鼓？）伴奏。

著录与文献　陕西省博物馆、陕西省文物管理委员会合编：《陕北东汉画像石刻选集》，北京：文物出版社，1959年，91页，图84；李林、康兰英、赵力光：《陕北汉代画像石》，西安：陕西人民出版社，1995年，图454；绥德汉画像石展览馆编，李贵龙、王建勤主编：《绥德汉代画像石》，西安：陕西人民美术出版社，2001年，140页，图75；曹世玉总编：《绥德文库——汉画像石卷》，北京：中国文史出版社，2004年，382页，图351。

出土/征集时间　1957年征集

收藏地　西安碑林博物馆

编号	SSX-SD-012
时代	东汉
原收藏号	不详
出土地	崔家湾镇贺家湾
原石尺寸	112.5×43
画面尺寸	不详
质地	砂岩
原石情况	正面平整，其余侧面不详。
所属墓群	不详
组合关系	不详
画面简述	朱雀、铺首、青龙。画面上青龙置于铺首左，而非惯例在铺首之下。所有物像轮廓之外没有全部减地，而以阴刻线凸显物像。朱雀头顶的羽冠、尾羽以阴线刻画。铺首的眉、眼，龙的眼均以阴刻表现。而朱雀的躯体和双翅，铺首的面首、所衔之环，龙的躯体则以粗阴线刻使物像显现浮凸。
著录与文献	陕西省博物馆、陕西省文物管理委员会合编：《陕北东汉画像石刻选集》，北京：文物出版社，1959年，114页，图119；李林、康兰英、赵力光：《陕北汉代画像石》，西安：陕西人民出版社，1995年，图597；绥德汉画像石展览馆编，李贵龙、王建勤主编：《绥德汉代画像石》，西安：陕西人民美术出版社，2001年，107页，图58；曹世玉总编：《绥德文库——汉画像石卷》，北京：中国文史出版社，2004年，350页，图324。
出土/征集时间	1957年征集
收藏地	西安碑林博物馆
备注	这一门扉的画面布局和雕刻手法都很特别，在陕北画像石中目前仅此一件。

编号　SSX-SD-013

时代　东汉

原收藏号　2333-205

出土地　崔家湾镇贺家湾

原石尺寸　216×42×7

画面尺寸　148×32

质地　砂岩

原石情况　正面、背面平整，上、左、右侧面呈毛石状。

所属墓群　不详

组合关系　不详

画面简述　画面分内、外两栏。外栏为卷云纹。左、右两端各阳刻一圆形，象征日、月。内栏左、右两边均刻画玉兔捣药，中间三株高大的瑞草旁，两只朱雀飞翔，四只朱雀草旁，两只凤鸟站立。画面以中间的瑞草为中轴，两边的图像相同并目对称。凤鸟、玉兔、朱雀使用同一模板制作。

著录与文献　李林、康兰英、赵力光：《陕北汉代画像石》，西安：陕西人民出版社，1995年，图466。

出土/征集时间　1981年征集

收藏地　绥德县博物馆

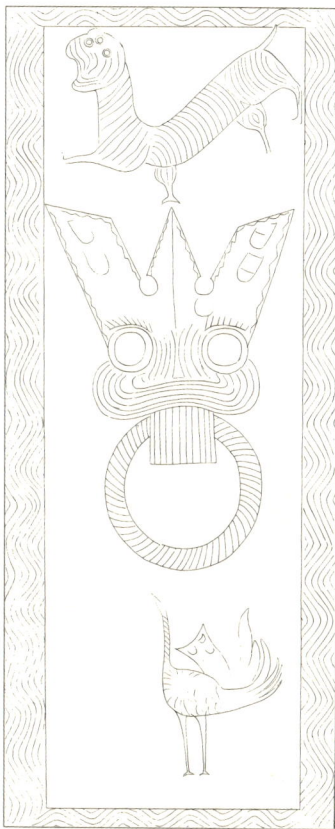

编号	SSX-SD-015
时代	东汉
原收藏号	不详
出土地	崔家湾镇贺家湾
原石尺寸	119×53
画面尺寸	不详
质地	砂岩
原石情况	正面平整。
所属墓群	不详
组合关系	不详

画面简述　白虎、铺首、朱雀。这一门扉的画面布局和雕刻手法很特别，在陕北画像石中目前仅此一件。其一：打破了朱雀在铺首之上，白虎在铺首之下的惯用格局，将白虎置于铺首之上，朱雀在下。全然放弃了象征东、南、西、北方位神功能。其二：门扉的边框惯用素面，而这一门扉上、左、右三边边框有多重连续水波纹图案。其三：物像用阴线勾出轮廓，物像之外没有减地，而是以斜条纹衬托显现物像。其四：物像上各部位采用阴线刻和晕刻相结合的手法，凿刻不同纹样，以显示出不同部位的区别和体态。如虎的头部、颈部、腹部、臀部，铺首的双角、眼睛，朱雀的颈部、双腿均显示了这一特点。

著录与文献　李林、康兰英、赵力光：《陕北汉代画像石》，西安：陕西人民出版社，1995年，图593；绥德汉画像石展览馆编，李贵龙、王建勤主编：《绥德汉代画像石》，西安：陕西人民美术出版社，2001年，107页，图58；曹世玉总编：《绥德文库——汉画像石卷》，北京：中国文史出版社，2004年，350页，图325。

出土/征集时间　不详

收藏地　西安碑林博物馆

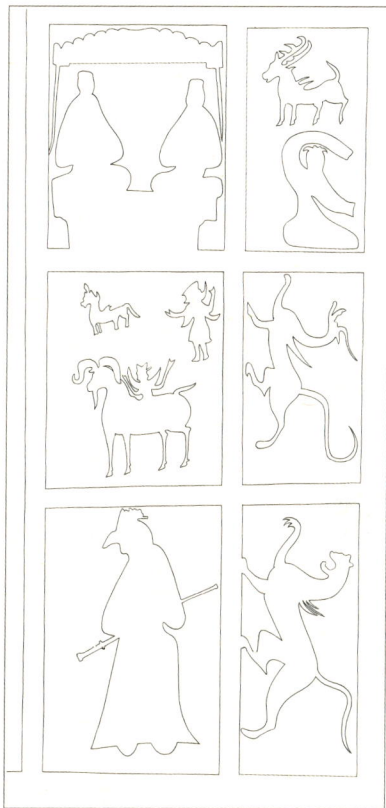

编号	SSX-SD-016-02
时代	东汉
原收藏号	不详
出土地	崔家湾镇苏家圪坨
原石尺寸	122×51
画面尺寸	不详
质地	砂岩
原石情况	正面平整
所属墓群	不详
组合关系	右门柱，与左门柱为二石组合。
画面简述	画面分左、右两栏。每栏分上、中、下三格。右栏第一格：背生双翼的雄鹿伫立，一舞伎头梳垂髻，身着长裙，挥舞长袖，翩翩起舞。第二格：翼龙。第三格：翼虎。左栏第一格：两人戴平顶冠，着袍，端坐榻上，顶上有华盖（？），两边垂吊带状物。第二格：一羽人站立，朝一有翼怪兽（翼马？）伸手。另一羽人骑盘角羊。第三格：鸡首人身神着袍荷剑站立。
著录与文献	陕西省博物馆、陕西省文物管理委员会合编：《陕北东汉画像石刻选集》，北京：文物出版社，1959年，111页，图115；李林、康兰英、赵力光：《陕北汉代画像石》，西安：陕西人民出版社，1995年，图567；汤池：《中国画像石全集5：陕西、山西汉画像石》，济南：山东美术出版社，2000年，图143；绥德汉画像石展览馆编，李贵龙、王建勤主编：《绥德汉代画像石》，西安:陕西人民美术出版社，2001年，193页，图124；曹世玉总编：《绥德文库——汉画像石卷》，北京：中国文史出版社，2004年，430页，图391。
出土/征集时间	1957年征集
收藏地	西安碑林博物馆

编号	SSX-SD-017
时代	东汉
原收藏号	不详
出土地	崔家湾镇苏家圪坨
原石尺寸	149×39
画面尺寸	不详
质地	砂岩
原石情况	原石左段残佚，正面平整。
所属墓群	不详
组合关系	不详
画面简述	画面分为内、外两栏。外栏为卷云鸟兽纹。右端阳刻一圆形，象征日（月）。卷云纹中有九尾狐、青龙、奔兔，羽人持献瑞草、猎人射鹿、独角兽、鹳鸟等。内栏左为牧羊图。出现在画面上的六只羊悠闲漫步。有的回首观望，有的低首觅食，有的仰首行进。牧羊人眼随随照管羊群。身后一树阴下，一人坐于地上歇息。中间一猎手追射奔逃的虎，右边一凤鸟站立。画面补白了瑞草、小鸟。
著录与文献	陕西省博物馆、陕西省文物管理委员会合编：《陕北东汉画像石刻选集》，北京：文物出版社，1959年，92页，图85；李林、康兰英、赵力光：《陕北汉代画像石》，西安：陕西人民出版社，1995年，图446。
出土/征集时间	1957年征集
收藏地	西安碑林博物馆

编号	SSX-SD-018
时代	东汉
原收藏号	不详
出土地	崔家湾镇苏家圪坨
原石尺寸	112×38
画面尺寸	不详
质地	砂岩
原石情况	正面平整。
所属墓群	不详
组合关系	不详
画面简述	画面分为上、下两格。上格分为内、外两栏。外栏为卷云纹，下有一熊承托卷云。内栏上部石面局部残佚，推测是西王母（东王公？）端坐于神树之巅，左右有玉兔和羽人跪侍。树干间有狐、鹿、飞鸟、瑞草。下一门吏头戴平巾帻，身着长襦大袴，拥彗面门而立。下格为玄武。
著录与文献	李林、康兰英、赵力光：《陕北汉代画像石》，西安：陕西人民出版社，1995 年，图 545；曹世玉总编：《绥德文库——汉画像石卷》，北京：中国文史出版社，2004 年，478 页，图 439。
出土/征集时间	1957 年出土
收藏地	西安碑林博物馆

编号	SSX-SD-019
时代	东汉
原收藏号	不详
出土地	崔家湾镇苏家圪坨
原石尺寸	114×46
画面尺寸	不详
质地	砂岩
原石情况	正面平整。
所属墓群	不详
组合关系	
画面简述	朱雀、铺首、独角兽。朱雀、铺首的眼睛均以阴线刻画。
著录与文献	李林、康兰英、赵力光:《陕北汉代画像石》,西安:陕西人民出版社,1995 年,图 604;曹世玉总编:《绥德文库——汉画像石卷》,北京:中国文史出版社,2004 年,495 页,图 459。
出土/征集时间	1957 年征集
收藏地	西安碑林博物馆

编号	SSX-SD-020
时代	东汉
原收藏号	不详
出土地	崔家湾镇苏家圪坨
原石尺寸	138×43
画面尺寸	不详
质地	砂岩
原石情况	正面平整，下侧面左残一角。
所属墓群	不详
组合关系	不详
画面简述	画面分为上、下两格。上格分为内、外两栏。外栏为卷云瑞兽纹。一熊举托卷云，其间有三角兽、龙首、羽人按虎头。右栏上为西王母（？）端坐于神树之巅，左、右有玉兔、羽人跪侍。树干间有鹿、狐、长尾乌、瑞草。下一门吏戴平顶冠，着襜褕，手捧简牍，躬身面门而立。下格为枝繁叶茂的树下一马伫立，马夫一手执箕，一手拿勾铲，作清扫马粪状。
著录与文献	陕西省博物馆、陕西省文物管理委员会合编：《陕北东汉画像石刻选集》，北京：文物出版社，1959年，99页，图94；李林、康兰英、赵力光：《陕北汉代画像石》，西安：陕西人民出版社，1995年，图528；绥德汉画像石展览馆编，李贵龙、王建勤主编：《绥德汉代画像石》，西安：陕西人民美术出版社，2001年，177页，图108；曹世玉总编：《绥德文库——汉画像石卷》，北京：中国文史出版社，2004年，404页，图369。
出土/征集时间	1957年征集
收藏地	西安碑林博物馆

编号	SSX-SD-021
时代	东汉
原收藏号	不详
出土地	崔家湾镇苏家圪坨
原石尺寸	110×51
画面尺寸	不详
质地	砂岩
原石情况	正面平整。
所属墓群	不详
组合关系	不详
画面简述	朱雀、铺首、独角兽。朱雀的眼，铺首的眼、眉、鼻、口的轮廓均以阴线刻画，口腔内阴刻。画面补白瑞草、朱雀、人面鸟、虎。
著录与文献	陕西省博物馆、陕西省文物管理委员会合编：《陕北东汉画像石刻选集》，北京：文物出版社，1959 年，108 页，图 110；李林、康兰英、赵力光：《陕北汉代画像石》，西安：陕西人民出版社，1995 年，图 602；曹世玉总编：《绥德文库——汉画像石卷》，北京：中国文史出版社，2004 年，492 页，图 455。
出土/征集时间	1957 年征集
收藏地	西安碑林博物馆

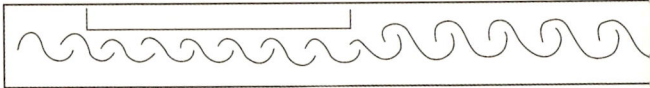

崔家湾镇苏家圪坨杨孟元墓墓门面六石组合
SSX-SD-022-01—SSX-SD-022-06

编号	SSX-SD-022-01
时代	东汉
原收藏号	2279-151
出土地	崔家湾镇苏家圪坨
原石尺寸	194×37×6
画面尺寸	156×(28-33)
质地	砂岩
原石情况	正面、背面平整，下侧面平整，其余侧面皆呈毛石状。
所属墓群	杨孟元墓
组合关系	门楣石、与左、右门柱，左、右门扉，门槛石为墓门面六石组合。
画面简述	画面分为内、外两栏。外栏为卷云鸟兽纹。左、右两端各有一能托举卷云头，卷云间填刻羽人、人面鸟、猛虎、飞鸟、鹿、羽人搜怪兽尾、怪兽咬虎尾、玉兔捣药、九尾狐、金乌、麒麟。内栏左下一雄鹿卧于地，一翼虎奔走，两朱雀飞翔；右一辆轺车和一辆辎车之间为历史故事"完璧归赵"。在戴王冠者与举璧者之间，两女子均头梳垂髻，居左者著著拖地长裙站立，居右者挥袖而舞。
著录与文献	李林、康兰英、赵力光：《陕北汉代画像石》，西安：陕西人民出版社，1995年，图341；汤池：《中国画像石全集5：陕西、山西汉画像石》，济南：山东美术出版社，2000年，图87；绥德汉画像石展览馆编、李贵龙、王建勤主编：《绥德汉画像石》，西安：陕西人民美术出版社，2001年，22页，图5；曹世玉总编：《绥德文库——汉画像石卷》，北京：中国文史出版社，2004年，148页，图88。
出土/征集时间	1982年征集
收藏地	绥德县博物馆

编号	SSX-SD-022-02
时代	东汉
原收藏号	2280-152
出土地	崔家湾镇苏家圪坨
原石尺寸	112×35×7
画面尺寸	101×30
质地	砂岩
原石情况	正面、背面平整，上侧面、左侧面、下侧面呈毛石状，右侧面平整。
所属墓群	杨孟元墓
组合关系	左门柱，与门楣石，右门柱，左、右门扉，门槛石为墓门面六石组合。
画面简述	画面分上、下两格。上格分内、外两栏。外栏为卷云鸟兽纹，与门楣石外栏卷云鸟兽纹相衔接。内栏为西王母头戴胜仗，着袍端坐于神树之上，左右有玉兔和羽人跪侍。树干间有狐、鹿、飞鸟。下为一门吏头戴平巾帻，身着长襦大袴，拥彗面门而立。下格为博山炉，炉盖镂孔用阴线刻画。
著录与文献	李林、康兰英、赵力光：《陕北汉代画像石》，西安：陕西人民出版社，1995年，图342；汤池：《中国画像石全集5：陕西、山西汉画像石》，济南：山东美术出版社，2000年，图90；绥德汉画像石展览馆编，李贵龙、王建勤主编：《绥德汉代画像石》，西安：陕西人民美术出版社，2001年，22页，图5；曹世玉总编：《绥德文库——汉画像石卷》，北京：中国文史出版社，2004年，148页，图89。
出土/征集时间	1982年征集
收藏地	绥德县博物馆

编号	SSX-SD-022-03
时代	东汉
原收藏号	2281-153
出土地	崔家湾镇苏家圪坨
原石尺寸	113×36×6
画面尺寸	101×30
质地	砂岩
原石情况	正面、背面平整，上、下、左、右四个侧面皆平整。
所属墓群	杨孟元墓
组合关系	右门柱，与门楣石，左门柱，左、右门扉，门槛石为墓门面六石组合。
画面简述	画面分上、下两格。上格分内、外两栏。外栏为卷云鸟兽纹，与门楣石外栏卷云鸟兽纹相衔接。内栏为西王母头戴胜仗、着袍端坐于神树之上，左右有玉兔和羽人跪侍。树干间有狐、鹿、飞鸟。下为一门吏头戴平巾帻，身着长襦大袴，拥彗面门而立。下格为博山炉，炉盖镂孔用阴线刻画。
著录与文献	李林、康兰英、赵力光：《陕北汉代画像石》，西安：陕西人民出版社，1995 年，图 343；汤池：《中国画像石全集 5：陕西、山西汉画像石》，济南：山东美术出版社，2000 年，图 91；绥德汉画像石展览馆编，李贵龙、王建勤主编：《绥德汉代画像石》，西安：陕西人民美术出版社，2001 年，23 页，图 5；曹世玉总编：《绥德文库——汉画像石卷》，北京：中国文史出版社，2004 年，149 页，图 92。
出土/征集时间	1982 年征集
收藏地	绥德县博物馆
备注	左、右门柱使用同一模板制作。

编号	SSX-SD-022-04
时代	东汉
原收藏号	2282-154
出土地	崔家湾镇苏家圪坨
原石尺寸	116×52×3
画面尺寸	102×39
质地	砂岩
原石情况	原石残为五块，右上角残佚，背面平整，上、下、左、右四个侧面均平整。
所属墓群	杨孟元墓
组合关系	左门扉，与门楣石，左、右门柱，右门扉，门槛石为墓门面六石组合。
画面简述	朱雀、铺首、独角兽。铺首的眼、口、齿阴刻，朱雀和独角兽的眼用阴线刻画。
著录与文献	李林、康兰英、赵力光：《陕北汉代画像石》，西安：陕西人民出版社，1995年，图353；汤池：《中国画像石全集 5：陕西、山西汉画像石》，济南：山东美术出版社，2000年，图88；绥德汉画像石展览馆编，李贵龙、王建勤主编：《绥德汉代画像石》，西安：陕西人民美术出版社，2001年，23页，图5；曹世玉总编：《绥德文库——汉画像石卷》，北京：中国文史出版社，2004年，148页，图90。
出土/征集时间	1982年征集
收藏地	绥德县博物馆

编　　号	SSX-SD-022-05
时　　代	东汉
原收藏号	2283-155
出 土 地	崔家湾镇苏家圪坨
原石尺寸	114（不含门竖）×52×4
画面尺寸	101×40
质　　地	砂岩
原石情况	正面、背面、上侧面、下侧面、左侧面平整，右侧面呈毛石状。左、右门扉相合面呈相互铆合的马蹄面。
所属墓群	杨孟元墓
组合关系	右门扉，与门楣石，左、右门柱，左门扉，门槛石为墓门面六石组合。
画面简述	朱雀、铺首、独角兽。铺首的眼、口、齿阴刻，朱雀和独角兽的眼用阴线刻画。
著录与文献	李林、康兰英、赵力光：《陕北汉代画像石》，西安：陕西人民出版社，1995年，图354；汤池：《中国画像石全集5：陕西、山西汉画像石》，济南：山东美术出版社，2000年，图89；绥德汉画像石展览馆编，李贵龙、王建勤主编：《绥德汉代画像石》，西安：陕西人民美术出版社，2001年，23页，图5；曹世玉总编：《绥德文库——汉画像石卷》，北京：中国文史出版社，2004年，149页，图91。
出土/征集时间	1982年征集
收 藏 地	绥德县博物馆
备　　注	左、右门扉图像用同一模板制作。

编号	SSX-SD-022-06
时代	东汉
原收藏号	2284-156
出土地	崔家湾镇苏家圪坨
原石尺寸	184×24×8
画面尺寸	184×10
质地	砂岩
原石情况	正面、背面平整;上侧面平整,凿人字纹,左、右各有一宽 37 厘米、深 3 厘米的槽(容纳左、右门柱石)。其他侧面呈毛石状。
所属墓群	杨孟元墓
组合关系	门槛石,与门楣石,左、右门柱,左、右门扉为墓门面六石组合。
画面简述	⌒形纹二方连续图案。
著录与文献	李林、康兰英、赵力光:《陕北汉代画像石》,西安:陕西人民出版社,1995 年,图 344;绥德汉画像石展览馆编,李贵龙、王建勤主编:《绥德汉代画像石》,西安:陕西人民美术出版社,2001 年,22 页,图 5;曹世玉总编:《绥德文库——汉画像石卷》,北京:中国文史出版社,2004 年,148 页,图 93。
出土/征集时间	1982 年征集
收藏地	绥德县博物馆

崔家湾镇苏家圪坨杨孟元墓墓室前室南壁六石组合
SSX-SD-022-07—SSX-SD-022-12

编号	SSX-SD-022-07
时代	东汉
原收藏号	2285-157
出土地	崔家湾镇苏家圪坨
原石尺寸	268×38×8
画面尺寸	256×33
质地	砂岩
原石情况	正面、背面、上侧面、下侧面平整，左、右侧面呈毛石状。
所属墓群	杨孟元墓
组合关系	横楣石，与左、右门柱、中柱石，左、右门槛为墓室至墓室前室南壁六石组合。
画面简述	画面分为内、外两栏。外栏为卷云鸟兽纹。卷云间填刻羽人、人面鸟、飞鸟、鹿、羽人搜怪兽尾、怪兽咬虎尾、玉兔捣药、九尾狐、金乌、麒麟。内栏两端各阴刻一圆形，象征日、月。左边两猎手追射奔逃的独角有翼怪兽，一辆辎车停立。右栏前端负有荷橐载一棒状器，辎车前之骑吏。招车之前的骑吏停立。着袍站立，执玉璧者之后，一女子头梳垂髻。右戴王冠者与执玉璧者之间，"完璧归赵"。其右为一辆牛车，着袿衣，一女子头梳垂髻，挥袖而舞。车辕上有驭手。
著录与文献	李林、康兰英、赵力光：《陕北汉代画像石》，西安：陕西人民出版社，1995年，图345；汤池：《中国画像石全集5：陕西、山西汉画像石》，济南：山东美术出版社，2000年，图92；绥德汉画像石展览馆编：《绥德汉代画像石》，西安：陕西人民美术出版社，2001年，24页，图6；曹世玉总编：《绥德文库——汉画像石卷》，北京：中国文史出版社，2004年，152页，图94。李贵龙、王建勤主编：《绥德汉代画像石》，西
出土/征集时间	1982年征集
收藏地	绥德县博物馆

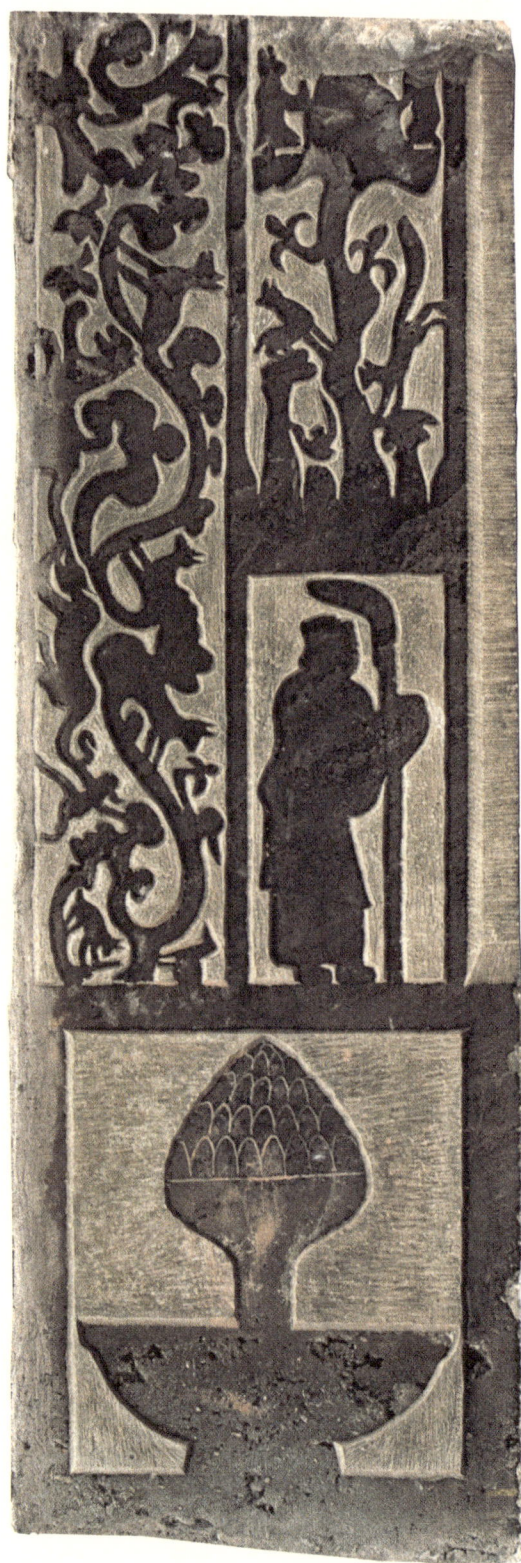

编号	SSX-SD-022-08
时代	东汉
原收藏号	2286-158
出土地	崔家湾镇苏家圪坨
原石尺寸	111×36×7
画面尺寸	103×31
质地	砂岩
原石情况	正面、背面、上侧面、下侧面、右侧面平整，左侧面呈毛石状。
所属墓群	杨孟元墓
组合关系	左门柱，与横楣石，右门柱，中柱石，左、右门槛为墓室前室南壁六石组合。
画面简述	画面分上、下两格。上格分内、外两栏。外栏为卷云鸟兽纹，与横楣石外栏卷云鸟兽纹衔接。内栏为西王母头戴胜仗、着袍端坐于神树之上。树干间有狐、鹿、飞鸟。树干上生出瑞草。下一门吏戴平巾帻，着长襦大袴，拥彗面门而立。下格为博山炉。炉盖阴线刻画镂孔。
著录与文献	李林、康兰英、赵力光：《陕北汉代画像石》，西安：陕西人民出版社，1995年，图346；汤池：《中国画像石全集5:陕西、山西汉画像石》，济南：山东美术出版社，2000年，图92；绥德汉画像石展览馆编，李贵龙、王建勤主编：《绥德汉代画像石》，西安：陕西人民美术出版社，2001年，24页，图6；曹世玉总编：《绥德文库——汉画像石卷》，北京：中国文史出版社，2004年，152页，图95。
出土/征集时间	1982年征集
收藏地	绥德县博物馆

编号	SSX-SD-022-09
时代	东汉
原收藏号	2287-159
出土地	崔家湾镇苏家圪坨
原石尺寸	113×36×8
画面尺寸	103×31
质地	砂岩
原石情况	正面、背面、上侧面、左侧面平整，右侧面呈毛石状。
所属墓群	杨孟元墓
组合关系	右门柱，与横楣石，左门柱，中柱石，左、右门槛为墓室前室南壁六石组合。
画面简述	画面分上、下两格。上格分内、外两栏。外栏为卷云鸟兽纹，与横楣石外栏卷云鸟兽纹衔接。内栏为西王母头戴胜仗、着袍端坐于神树之上。树干间有狐、鹿、飞鸟。树干上生出瑞草。下一门吏戴平巾帻，着长襦大袴，拥彗面门而立。下格为博山炉。炉盖阴线刻画镂孔。
著录与文献	李林、康兰英、赵力光：《陕北汉代画像石》，西安：陕西人民出版社，1995年，图350；汤池：《中国画像石全集5：陕西、山西汉画像石》，济南：山东美术出版社，2000年，图92。绥德汉画像石展览馆编，李贵龙、王建勤主编：《绥德汉代画像石》，西安：陕西人民美术出版社，2001年，25页，图6。曹世玉总编：《绥德文库——汉画像石卷》，北京：中国文史出版社，2004年，153页，图97。
出土/征集时间	1982年征集
收藏地	绥德县博物馆
备注	左、右门柱图像使用同一模板制作。

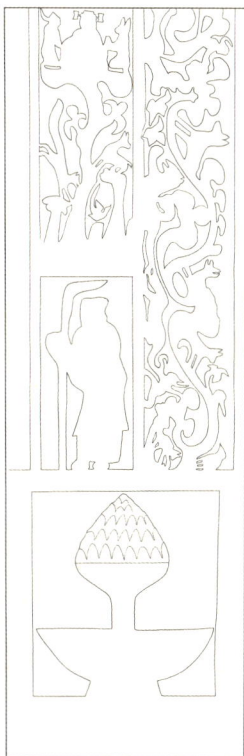

编号	SSX-SD-022-10
时代	东汉
原收藏号	2288-160
出土地	崔家湾镇苏家圪坨
原石尺寸	114×18×6
画面尺寸	95×7
质地	砂岩
原石情况	正面、背面、上侧面平整，左、右侧面平整。
所属墓群	杨孟元墓
组合关系	中柱石，与横楣石，左、右门柱，左、右门槛为墓室前室南壁六石组合。
画面简述	隶体阴刻"西河太守行长史事离石守长杨君孟元舍永元八年三月廿一日作"二十七个字。
著录与文献	李林、康兰英、赵力光：《陕北汉代画像石》，西安：陕西人民出版社，1995年，图348；汤池：《中国画像石全集5：陕西、山西汉画像石》，济南：山东美术出版社，2000年，图92；绥德汉画像石展览馆编，李贵龙、王建勤主编：《绥德汉代画像石》，西安：陕西人民美术出版社，2001年，25页，图6；曹世玉总编：《绥德文库——汉画像石卷》，北京：中国文史出版社，2004年，152页，图96。
出土/征集时间	1982年征集
收藏地	绥德县博物馆

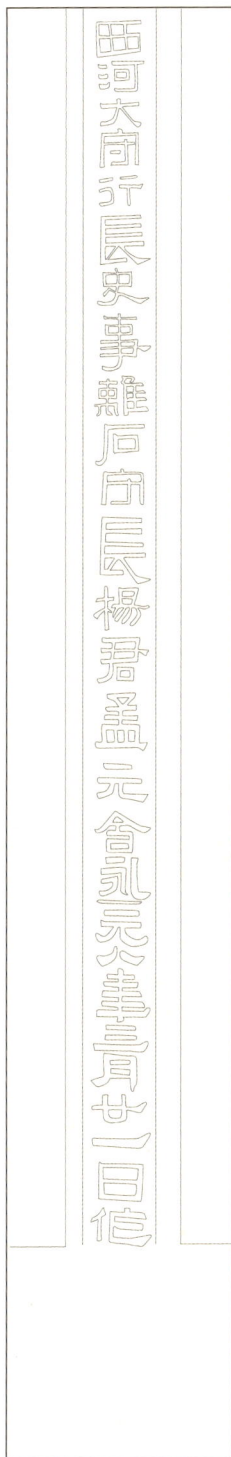

西河大守行長史事離石守長楊君孟元會氏元年三月廿一日作

编号	SSX-SD-022-11
时代	东汉
原收藏号	2289-161
出土地	崔家湾镇苏家圪坨
原石尺寸	82×8×5
画面尺寸	82×8
质地	砂岩
原石情况	正面平整；上侧面平整，刻斜纹；左、右侧面均呈毛石状。
所属墓群	杨孟元墓
组合关系	左门槛，与横楣石，左、右门柱，中柱石，右门槛为墓室前室南壁六石组合。
画面简述	刻半菱形组成的几何纹。
著录与文献	李林、康兰英、赵力光：《陕北汉代画像石》，西安：陕西人民出版社，1995年，图347；汤池：《中国画像石全集5：陕西、山西汉画像石》，济南：山东美术出版社，2000年，图92；绥德汉画像石展览馆编，李贵龙、王建勤主编：《绥德汉代画像石》，西安：陕西人民美术出版社，2001年，24页，图6；曹世玉总编：《绥德文库——汉画像石卷》，北京：中国文史出版社，2004年，153页，图99。
出土/征集时间	1982年征集
收藏地	绥德县博物馆

编号	SSX-SD-022-12
时代	东汉
原收藏号	2290-162
出土地	崔家湾镇苏家圪坨
原石尺寸	83×8×5
画面尺寸	83×8
质地	砂岩
原石情况	正面平整；上侧面平整，刻斜纹；左、右侧面均呈毛石状。
所属墓群	杨孟元墓
组合关系	右门槛，与横楣石，左、右门柱，中柱石，左门槛为墓室前室南壁六石组合。
画面简述	刻半菱形组成的几何纹。靠中柱石处阴刻"阳遂"二字。
著录与文献	李林、康兰英、赵力光：《陕北汉代画像石》，西安：陕西人民出版社，1995年，图349；汤池：《中国画像石全集5：陕西、山西汉画像石》，济南：山东美术出版社，2000年，图92；绥德汉画像石展览馆编，李贵龙、王建勤主编：《绥德汉代画像石》，西安：陕西人民美术出版社，2001年，25页，图6；曹世玉总编：《绥德文库——汉画像石卷》，北京：中国文史出版社，2004年，152页，图98。
出土/征集时间	1982年征集
收藏地	绥德县博物馆

140

编号	SSX-SD-023
时代	东汉
原收藏号	2337-209
出土地	崔家湾镇苏家岩
原石尺寸	107×52×7
画面尺寸	97×39
质地	砂岩
原石情况	正面、背面平整；上、下侧面平整，凿不规则斜条纹；左、右侧面平整，凿斜纹。
所属墓群	不详
组合关系	不详
画面简述	朱雀、铺首、白虎。朱雀的尾羽、双翅，铺首的脸庞，虎身、尾、蹄脚均施加阴刻线或麻点。
著录与文献	李林、康兰英、赵力光：《陕北汉代画像石》，西安：陕西人民出版社，1995年，图601；曹世玉总编：《绥德文库——汉画像石卷》，北京：中国文史出版社，2004年，311页，图276。
出土/征集时间	1980年征集
收藏地	绥德县博物馆

编号	SSX-SD-024-01
时代	东汉
原收藏号	2321-193
出土地	崔家湾镇苏家岩
原石尺寸	104×46×5
画面尺寸	97×34
质地	砂岩
原石情况	正面、背面平整；上侧面呈毛石状；下侧面、左侧面平整，凿人字纹；右侧面凿斜纹，局部凿人字纹、平口铲痕。
所属墓群	不详
组合关系	左门扉，与右门扉为二石组合。
画面简述	朱雀、铺首衔环图。
著录与文献	绥德汉画像石展览馆编，李贵龙、王建勤主编：《绥德汉代画像石》，西安：陕西人民美术出版社，2001年，103页，图51；曹世玉总编：《绥德文库——汉画像石卷》，北京：中国文史出版社，2004年，285页，图242。
出土/征集时间	1985年征集
收藏地	绥德县博物馆

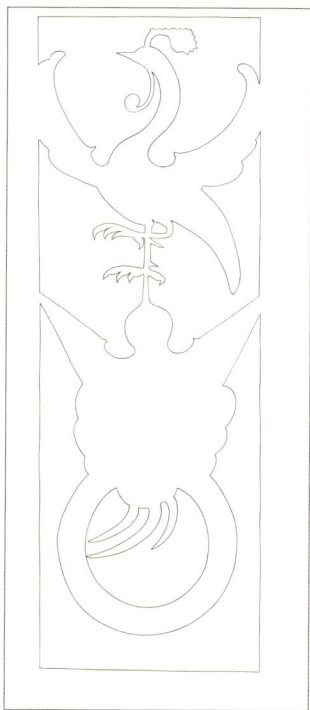

编号	SSX-SD-024-02
时代	东汉
原收藏号	2322-194
出土地	崔家湾镇苏家岩
原石尺寸	106×47×5
画面尺寸	98×34
质地	砂岩
原石情况	正面平整，背面、左侧面平整，上侧面呈毛石状；下侧面及右侧面平整，凿斜条纹。
所属墓群	不详
组合关系	右门扉，与左门扉为二石组合。
画面简述	朱雀、铺首衔环图。
著录与文献	绥德汉画像石展览馆编，李贵龙、王建勤主编：《绥德汉代画像石》，西安：陕西人民美术出版社，2001年，103页，图51；曹世玉总编：《绥德文库——汉画像石卷》，北京：中国文史出版社，2004年，285页，图243。
出土/征集时间	1985年征集
收藏地	绥德县博物馆

编号	SSX-SD-025
时代	东汉
原收藏号	不详
出土地	满堂川乡郭家沟
原石尺寸	94×37
画面尺寸	不详
质地	砂岩
原石情况	正面平整，上侧面呈毛石状。
所属墓群	不详
组合关系	不详
画面简述	画面分上、下两格。上格分内、外两栏。外栏为卷云鸟兽纹，卷云间有熊、鹿、羽人戏怪兽、六腿怪兽、鸟。内栏自上而下分为三格。第一格：两人对面站立，居左者着长袍，居右者头梳垂髻髫，身着拖地长裙，袖手站立。第二格：一舞伎着袿衣，挥袖而舞。第三格：一门吏头戴平巾帻，身着长襦大袴，执短柄彗面门而立。下格为玄武。
著录与文献	陕西省博物馆、陕西省文物管理委员会合编：《陕北东汉画像石刻选集》，北京：文物出版社，1959 年，79 页，图 72；李林、康兰英、赵力光：《陕北汉代画像石》，西安：陕西人民出版社，1995 年，图 544；曹世玉总编：《绥德文库——汉画像石卷》，北京：中国文史出版社，2004 年，478 页，图 438。
出土/征集时间	1956 年征集
收藏地	西安碑林博物馆

编号	SSX-SD-026-01
时代	东汉
原收藏号	不详
出土地	满堂川乡军刘家沟前川崖底
原石尺寸	108×51
画面尺寸	不详
质地	砂岩
原石情况	正面平整。
所属墓群	不详
组合关系	左门扉，与右门扉为二石组合。
画面简述	朱雀、铺首、奔虎。朱雀的的羽翅、眼睛，虎身上的斑纹，铺首的眼、眉、口、鼻阴线刻画，脸庞上施加麻点。
著录与文献	陕西省博物馆、陕西省文物管理委员会合编：《陕北东汉画像石刻选集》，北京：文物出版社，1959 年，32 页，图 22；李林、康兰英、赵力光：《陕北汉代画像石》，西安：陕西人民出版社，1995 年，图 596；曹世玉总编：《绥德文库——汉画像石卷》，北京：中国文史出版社，2004 年，497 页，图 463。
出土/征集时间	1955 年出土
收藏地	西安碑林博物馆

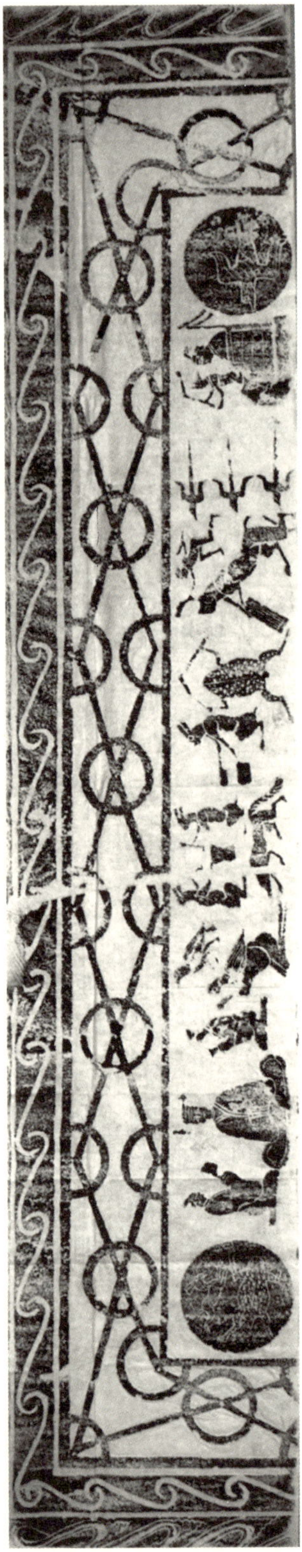

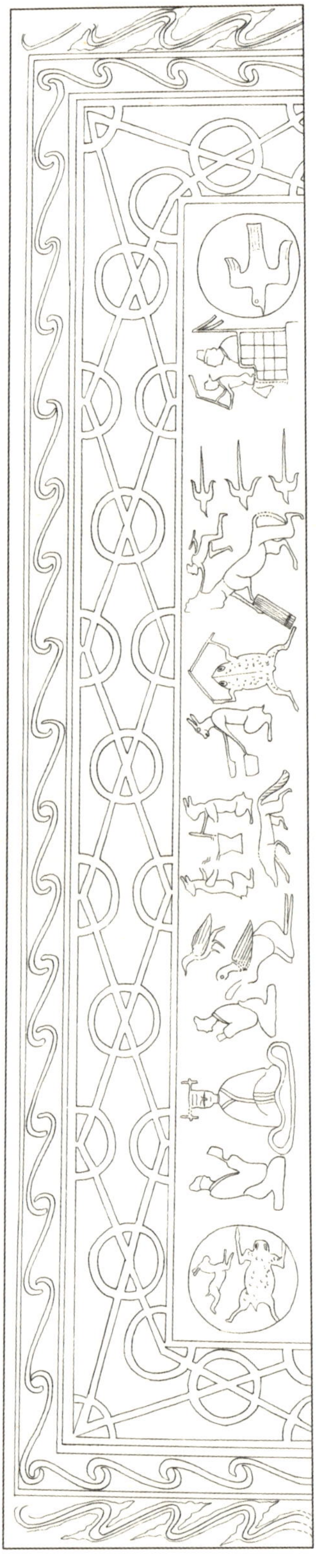

编号	SSX-SD-027
时代	东汉
原收藏号	不详
出土地	满堂川乡军刘家沟前川崖底
原石尺寸	168×38
画面尺寸	不详
质地	砂岩
原石情况	正面平整。
所属墓群	不详
组合关系	不详
画面简述	画面分为外、中、内三栏。外栏阴线刻～勾连图案。中栏为绶带穿璧纹。内栏左、右两端分别阴刻一圆形，左圆内阴线刻画嘴蟾和玉兔，显为月亮。当为太阴。中间左边西王母头戴胜坐，着袍正面端坐。左、右各有一人戴冠着袍。面向西王母拱手简恭，居右者手执簿便面，居左者拱手跪待。两只玉兔相对蹲立，扶钵持锤捣药。金乌、九尾狐亦嵌在身边。右边一仙兔一手执臿，一手拿勺铲，做青扫状。一蟾蜍站立，双手扶棒作挥舞状。其上一人左手执样，右手挥巾，作舞蹈状。右端一人戴进贤冠、着袍坐在由三只神鸟牵引的车上，御手双手高举辔杆，驱车前进。画面上人物的衣纹、鸟兽的羽翅、斑纹均用阴线刻画。此图应为东王公拜会西王母的故事。
著录与文献	陕西省博物馆、陕西省文物管理委员会合编：《陕北东汉画像石刻选集》，北京：文物出版社，1959年，30页，图20；李林、康兰英、赵力光：《陕北汉代画像石》，西安：陕西人民出版社，2000年，图153；汤池：《中国画像石全集5：陕西、山西汉画像石》，济南：山东美术出版社，1995年，图442；绥德汉画像石展览馆编、王建勤主编：《绥德汉代画像石》，西安：陕西人民美术出版社，2001年，138页，图74；曹世玉总编：《绥德文库——汉画画像石卷》，北京：中国文史出版社，2004年，376页，图347。
出土/征集时间	1955年出土
收藏地	西安碑林博物馆

编号	SSX-SD-028
时代	东汉
原收藏号	不详
出土地	满堂川乡军刘家沟前川崖底
原石尺寸	88×34
画面尺寸	不详
质地	砂岩
原石情况	正面平整。
所属墓群	不详
组合关系	不详

画面简述　画面分上、下两格。上格分内、外两栏。外栏并列阴线刻 S 形勾连纹。内栏自上而下分为四层。第一层：历史故事"孔子问礼"图。中间个头矮小、发束后甩、推双轮小车的应是项橐，左边戴进贤冠、着袍拱手张口笑迎者应是老子，右边戴冠着袍、手捧鸠鸟、面老子而立者应是孔子，顶部一物不明。第二层：技击图。左一人右手执棒拄地，左手持短刀，与对手厮杀。右一人戴冠着袍，手执短刀，弯腰奋力迎击对手。第三层：一人戴冠着袍，昂首站立，长袖内伸出一棍状物，对面一人戴平巾帻，着紧身褐衣，右手执棍于身后，左手弯于胸前，似在向对面老者禀报。第四层：前一人发髻高耸，曲蹲于地，左手执锤于身后，右手托于膝盖上，朝前窥视。后一人曲蹲于地，执斧静候。下格为玄武和双头四足怪兽。

著录与文献　陕西省博物馆、陕西省文物管理委员会合编：《陕北东汉画像石刻选集》，北京：文物出版社，1959 年，31 页，图 21；李林、康兰英、赵力光：《陕北汉代画像石》，西安：陕西人民出版社，1995 年，图 547；汤池：《中国画像石全集 5：陕西、山西汉画像石》，济南：山东美术出版社，2000 年，图 185；绥德汉画像石展览馆编，李贵龙、王建勤主编：《绥德汉代画像石》，西安：陕西人民美术出版社，2001 年，184 页，图 115；曹世玉总编：《绥德文库——汉画像石卷》，北京：中国文史出版社，2004 年，416 页，图 379。

出土/征集时间	1955 年出土
收藏地	西安碑林博物馆

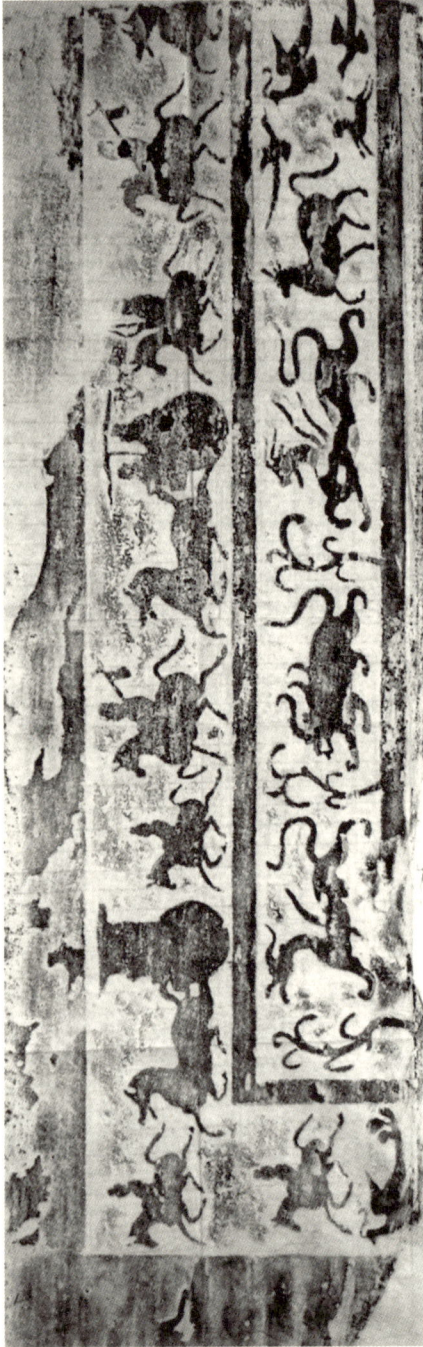

编号　SSX-SD-030

时代　东汉

原收藏号　不详

出土地　满堂川乡赵家铺

原石尺寸　133×44

画面尺寸　不详

质地　砂岩

原石情况　原石右段残缺，正面平整。

所属墓群　不详

组合关系　不详

画面简述　画面分为内、外两栏。外栏为车马行进图。左下一朱雀飞翔。两骑吏徒手导引一辆辎车奔驰。车后又一骑吏徒手随行。接着是一辆轺车，前有扛弓箭骑吏前导，后有执弓箭骑吏从卫。之后是扛矢骑吏。内栏为瑞草鸟兽图。从左到右有翼龙、独角有翼犀牛形怪兽，朱雀、麒麟、奔兔、飞鸟。瑞兽之间均有高大的瑞草相隔。

著录与文献　陕西省博物馆、陕西省文物管理委员会合编：《陕北东汉画像选集》，北京：文物出版社，1959年，36页，图25；李林、康兰英、赵力光：《陕北汉代画像石》，西安：陕西人民出版社，1995年，图459。

出土/征集时间　1954年征集

收藏地　西安碑林博物馆

四十里铺镇前街田鲂墓墓门面五石组合
SSX-SD-031-01—SSX-SD-031-05

编　　号　SSX-SD-031-01

时　　代　东汉

原收藏号　2383-255

出 土 地　四十里铺镇前街

原石尺寸　178×29×6

画面尺寸　144×29

质　　地　砂岩

原石情况　正面、背面、上侧面、下侧面平整，左、右侧面呈毛石状。

所属墓群　田岔墓

组合关系　门楣石，与左、右门柱、左、右门扉为墓门面五石组合。

画面简述　画面分为内、外两栏。外栏为绥带穿璧纹。之外阴线刻～形纹勾连的图案，是为边饰。内栏为驯兽图。左边为一合丹的未雀斗冠垂尾和一麒麟相对而立，麒麟身后是一株树。右为两人头戴平巾帻，身着紧身褐衣，相背站立。居左者张弓对准向他缓步行进的两只鹿和一怪兽，居右者右手牵弓鬻，左手执短棒伸臂直指迎面而来的奔鹿。另一只鹿被呼啸前扑直指迎面而来的猛虎吓得惊慌失措。内栏下刻帷幔状纹饰。画面中人物的五官、衣纹，禽兽身上的羽翅、斑纹均施加阴线刻或凿刻麻点。

著录与文献　绥德汉画像石展览馆编，李贵龙、王建勤主编：《绥德汉代画像石》，西安：陕西人民美术出版社，2001年，14页，图3；榆阳地区文管会、绥德地区博物馆：《陕西绥德县四十里铺画像石调查简报》，《考古与文物》，2002年第3期，20页，图3；曹世玉总编：《绥德文库——汉画像石卷》，北京：中国文史出版社，2004年，106页，图54。

出土/征集时间　1997年出土

收藏地　绥德县博物馆

160

编号	SSX-SD-031-02
时代	东汉
原收藏号	2384-256
出土地	四十里铺镇前街
原石尺寸	101×29×6
画面尺寸	98×26
质地	砂岩
原石情况	正面、背面、上侧面、下侧面平整，左侧面凿斜纹。
所属墓群	田鲂墓
组合关系	左门柱，与门楣石，右门柱，左、右门扉为墓门面五石组合。
画面简述	画面分为上、下两格。上格分为内、外两栏。外栏为绶带穿璧纹。其外阴线刻〰形纹勾连的图案，是为边饰。与门楣石外栏的边饰、绶带穿璧纹衔接。内栏为人物图。自上而下分为四层，分别为：一人头戴平巾帻，身着斜衽长襦，微躬身面右站立，宽长的衣袖下垂，袖口内露出长而弯曲的蛇尾（？）；一人头戴平巾帻，身着斜衽长襦大袴，微躬身面右袖手站立；一妇人带帻巾，发束三个高髻，着斜衽袍服，面右袖手而坐，身后一人戴冠着袍，持便面恭立；两人均戴冠着袍，居左者手捧简牍，作禀报状，居右者回首袖手站立。下格一牛，缰绳穿鼻而过系于边框上，两只雄鸡相斗，两只小鸡伫立。画面中人物的五官、衣纹，禽兽身上的羽翅、斑纹均施加阴线刻或凿刻麻点。
著录与文献	绥德汉画像石展览馆编，李贵龙、王建勤主编：《绥德汉代画像石》，西安：陕西人民美术出版社，2001年，14页，图3；榆阳地区文管会、绥德地区博物馆：《陕西绥德县四十里铺画像石调查简报》，《考古与文物》，2002年第3期，21页，图4；曹世玉总编：《绥德文库——汉画像石卷》，北京：中国文史出版社，2004年，106页，图55。
出土/征集时间	1997年出土
收藏地	绥德县博物馆

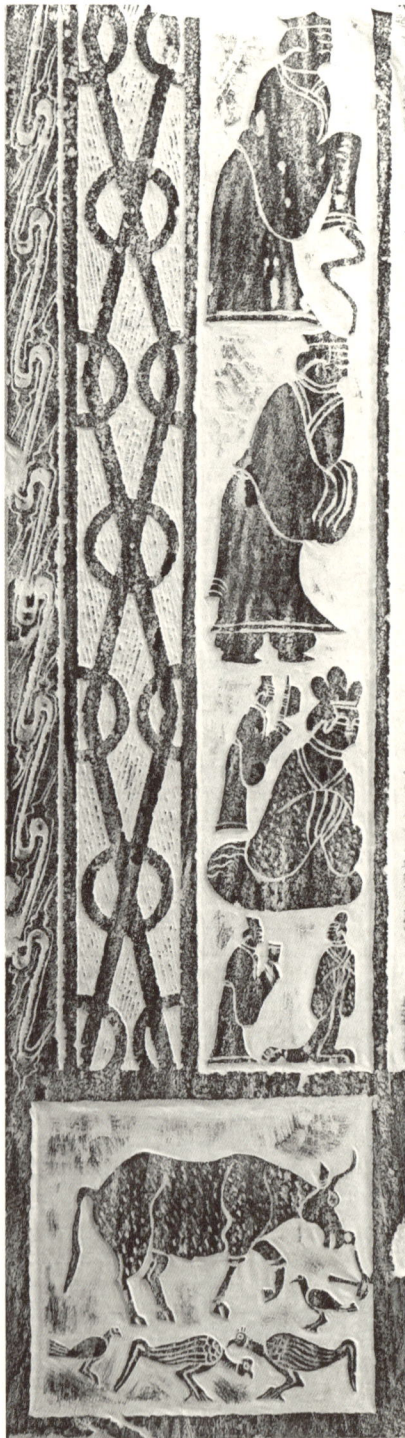

编号	SSX-SD-031-03
时代	东汉
原收藏号	2385-257
出土地	四十里铺镇前街
原石尺寸	101×29×5
画面尺寸	98×26
质地	砂岩
原石情况	正面、背面、上侧面、下侧面平整，左、右侧面凿斜纹。
所属墓群	田鲂墓
组合关系	右门柱，与门楣石，左门柱，左、右门扉为墓门面五石组合。
画面简述	画面分为上、下两格。上格分为内、外两栏。外栏为绶带穿璧纹。其外阴线刻∽形纹勾连的图案，是为边饰，与门楣石外栏的边饰、绶带穿璧纹衔接。内栏自上而下分为三层：一人头戴有帻之冠，身着斜衽长襦大袴，腰系带，持节拥袖站立；一妇人发束三个高髻，着斜衽袍服，面左袖手而立；一妇人踞坐于灶台前，灶台上安置大锅，妇人伸手于锅下，似在拨火庖厨。下格一马鞍佩齐全，抬腿扬尾拴于边框之上。一人头带平巾帻，身着长襦大袴，双臂交叉，右手执一短棒，立于马后。一长尾鸡伫立。画面中人物的五官、衣纹，禽兽身上的羽翅、斑纹均施加阴线刻或凿刻麻点。
著录与文献	绥德汉画像石展览馆编，李贵龙、王建勤主编：《绥德汉代画像石》，西安：陕西人民美术出版社，2001年，15页，图3；榆阳地区文管会、绥德地区博物馆：《陕西绥德县四十里铺画像石调查简报》，《考古与文物》，2002年第3期，21页，图4；曹世玉总编：《绥德文库——汉画像石卷》，北京：中国文史出版社，2004 107页，图58。
出土/征集时间	1997年出土
收藏地	绥德县博物馆

编号	SSX-SD-031-04
时代	东汉
原收藏号	2386-258
出土地	四十里铺镇前街
原石尺寸	109×49
画面尺寸	96×40
质地	砂岩
原石情况	正面、上侧面、下侧面、右侧面平整。
所属墓群	田魴墓
组合关系	左门扉，与门楣石，左、右门柱，右门扉为墓门面五石组合。
画面简述	朱雀、铺首、白虎。画面中禽兽的五官，身上的羽翅、斑纹均施加阴线刻或凿刻麻点。
著录与文献	绥德汉画像石展览馆编，李贵龙、王建勤主编：《绥德汉代画像石》，西安：陕西人民美术出版社，2001年，14页，图3；榆阳地区文管会、绥德地区博物馆：《陕西绥德县四十里铺画像石调查简报》，《考古与文物》，2002年第3期，22页，图5；曹世玉总编：《绥德文库——汉画像石卷》，北京：中国文史出版社，2004年106页，图56。
出土/征集时间	1997年出土
收藏地	绥德县博物馆

编号	SSX-SD-031-05
时代	东汉
原收藏号	2387-259
出土地	四十里铺镇前街
原石尺寸	108×51
画面尺寸	96×40
质地	砂岩
原石情况	正面、上侧面、下侧面、右侧面平整，左、右门扉相合面呈马蹄面。
所属墓群	田鲂墓
组合关系	右门扉，与门楣石，左、右门柱，左门扉为墓门面五石组合。
画面简述	朱雀、铺首、青龙。画面中禽兽的五官，身上的羽翅、斑纹均施加阴线刻或凿刻麻点。
著录与文献	绥德汉画像石展览馆编，李贵龙、王建勤主编：《绥德汉代画像石》，西安：陕西人民美术出版社，2001年，15页，图3；榆阳地区文管会、绥德地区博物馆：《陕西绥德县四十里铺画像石调查简报》，《考古与文物》，2002年第3期，22页，图5；曹世玉总编：《绥德文库——汉画像石卷》，北京：中国文史出版社，2004年，107页，图57。
出土/征集时间	1997年出土
收藏地	绥德县博物馆

编号	SSX-SD-031-06
时代	东汉
原收藏号	2388-260
出土地	四十里铺镇前街
原石尺寸	264×29
画面尺寸	235×29
质地	砂岩
原石情况	正面、上侧面、下侧面平整，左、右侧面呈毛石状。
所属墓群	田鲂墓
组合关系	横楣石，与左、右门柱、中柱石为墓室后室四石组合。
画面简述	画面分为内、外两栏。外栏为绶带穿璧纹，其外阴线刻∽形纹勾连的图案，是为边饰。内栏为神话故事"穆天子拜会西王母"。画面左、右两端各阳刻一圆形，象征日、月。左圆内阴线刻蟾蜍、玉兔，是为月亮。右圆内阴线刻金乌，当为太阳。中间画面左边西王母头戴胜仗，身着斜衽长袍，袖手端坐于榻上，身边一人戴冠着袍，手执一方形物站立，另两人持便面恭候。羽人跪献瑞草，九尾狐、金乌身边听命。两玉兔持锤捣药。一女子发辫后甩，腰系围裙，丰臀腴腿，腰细如束，双手举瑞草。中间为乐舞、杂技场面。两妇人头梳高髻，身着长袍端坐。居左者弹琴，居右者双手合十，拍手叫好。一男子戴帻巾着袍，跽坐于地，一手拿短棒，一手旁置一圆形物（鼗鼓？铙？），似在击鼓（？）。其身后两人对舞。居左者戴帻巾着袍，跽坐于地，挥袖，回首与后面的舞伎呼应。居右者头梳高髻，身着拖地长裙，戴披风，挥舞长袖，翩翩而舞。其右两人表演杂技，左一人头戴帻巾，腰粗腿壮，倒立。右一人耍跳丸。一男子戴平巾帻，着长襦大袴，挥长袖舞蹈。一人戴平巾帻，跽坐于地，吹竽伴奏。一人戴冠着袍，持便面站立。一仙人发辫后甩，右手执瑞草，左手持一不明物遮于盘内的瑞草之上，骑牡鹿奔走。另一仙人骑雄鹿奔走。最右是东王公头梳高髻，乘坐在有三只鸟牵引的车上，驭手发辫后甩，一手执短棒（瑞草？），一手拿鞭，作驱赶状。内栏下刻帷幔状纹饰。
著录与文献	绥德汉画像石展览馆编，李贵龙、王建勤主编：《绥德汉代画像石》，西安：陕西人民美术出版社，2001年，18页，图4；榆阳地区文管会、绥德地区博物馆：《陕西绥德县四十里铺画像石调查简报》，《考古与文物》，2002年第3期，23页，图6；曹世玉总编：《绥德文库——汉画像石卷》，北京：中国文史出版社，2004年，114页，图59。
出土/征集时间	1997年出土
收藏地	绥德县博物馆

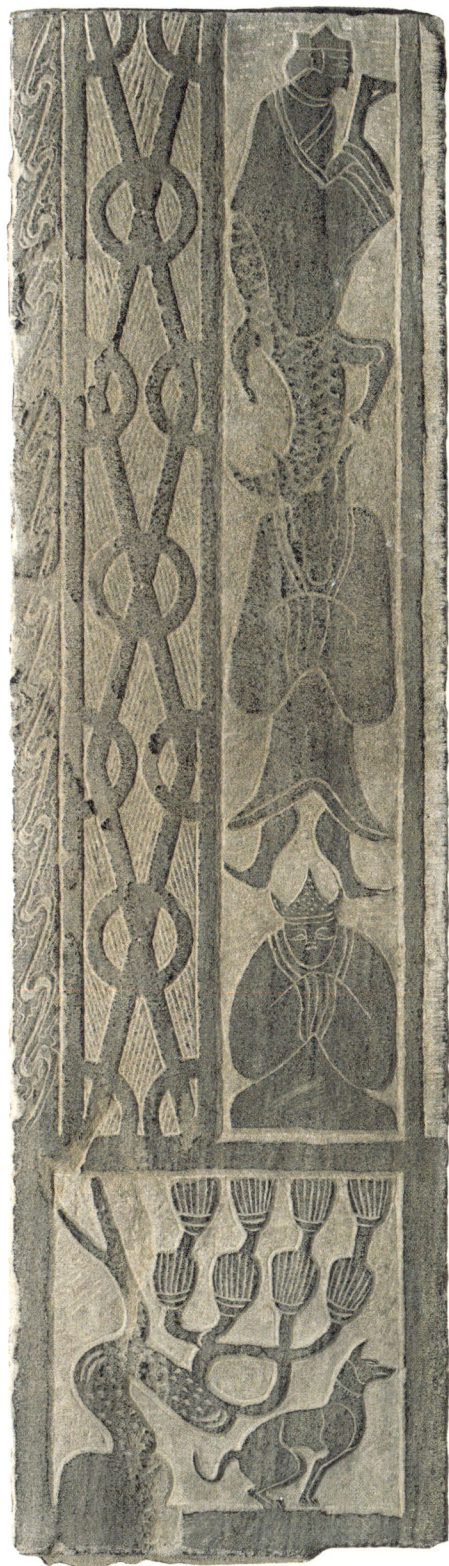

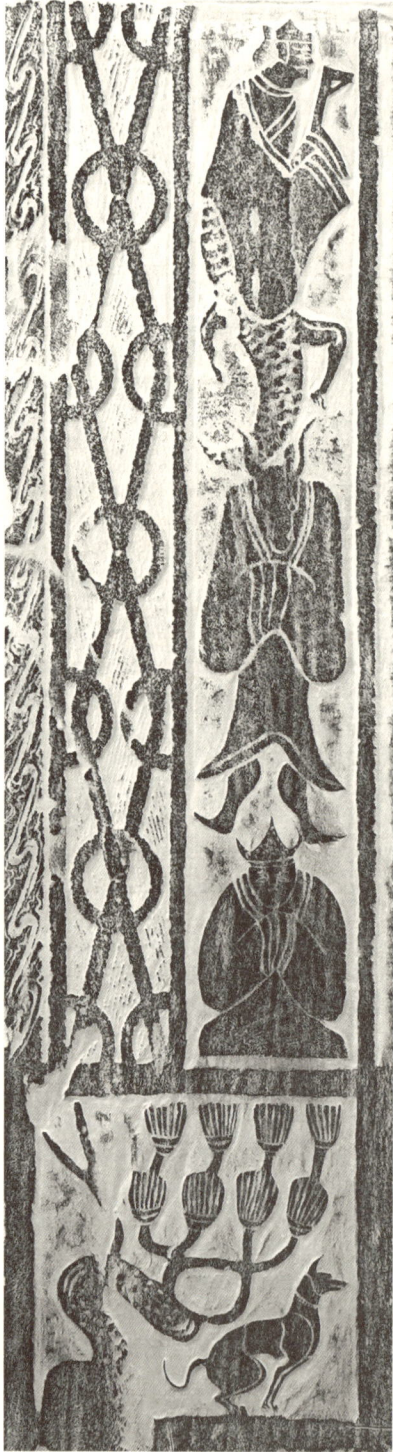

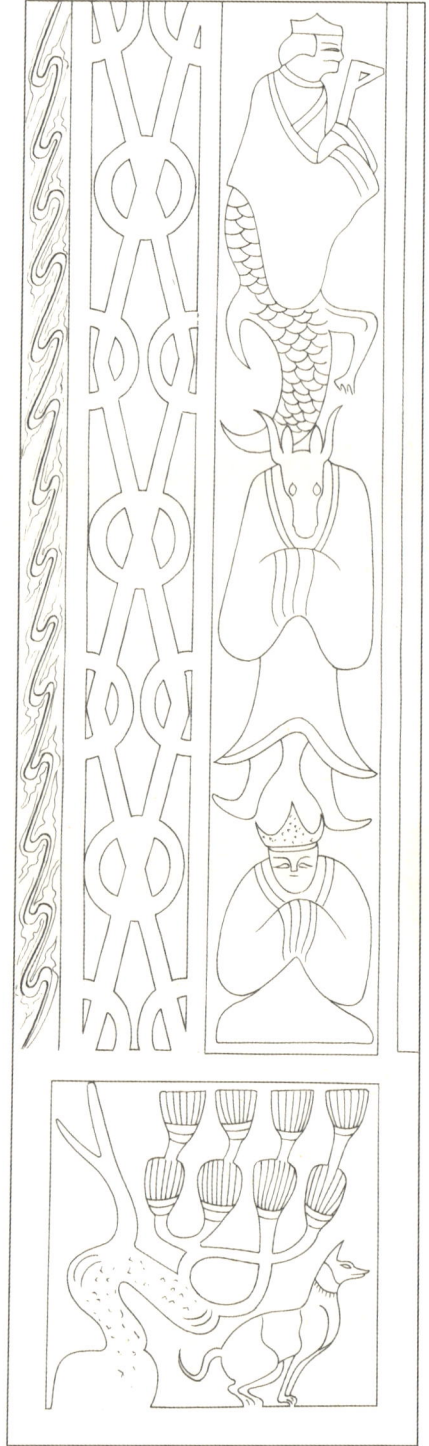

编号	SSX-SD-031-07
时代	东汉
原收藏号	2389-261
出土地	四十里铺镇前街
原石尺寸	99×29
画面尺寸	95×26
质地	砂岩
原石情况	正面、上侧面、下侧面、右侧面平整，左侧面呈毛石状。
所属墓群	田鲂墓
组合关系	左门柱，与横楣石、右门柱、中柱石为墓室后室四石组合。
画面简述	画面分为上、下两格。上格分为内、外两栏。外栏为绶带穿璧纹，其外阴线刻∽形纹勾连的图案，是为边饰，与横楣石外栏边饰、绶带穿璧纹衔接。内栏自上而下为：人首人身蛇尾神，戴帻巾着短褐，一手执矩，当为伏羲；牛首人身神着剪襟衣（？），拥袖站立；戴帻巾着袍者袖手踞坐。下格为一枝叶繁茂的树，树下一犬蹲坐。
著录与文献	绥德汉画像石展览馆编，李贵龙、王建勤主编：《绥德汉代画像石》，西安：陕西人民美术出版社，2001年，18页，图4；榆阳地区文管会、绥德地区博物馆：《陕西绥德县四十里铺画像石调查简报》，《考古与文物》，2002年第3期，24页，图7；曹世玉总编：《绥德文库——汉画像石卷》，北京：中国文史出版社，2004年，114页，图60。
出土/征集时间	1997年出土
收藏地	绥德县博物馆

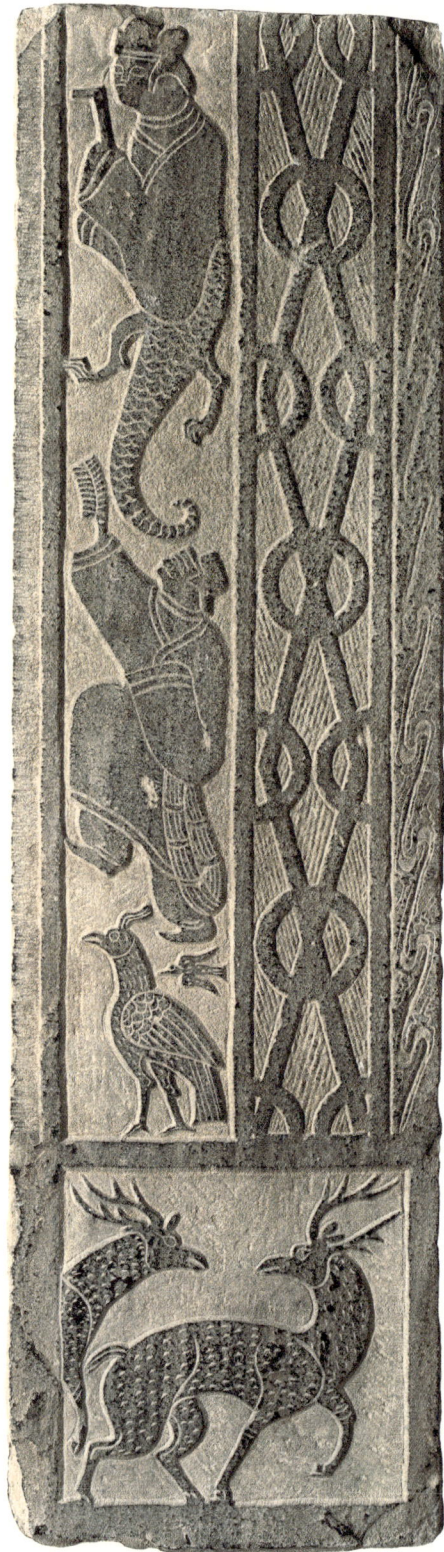

编号	SSX-SD-031-08
时代	东汉
原收藏号	2390-262
出土地	四十里铺镇前街
原石尺寸	99×29
画面尺寸	96×25
质地	砂岩
原石情况	正面、上侧面、下侧面、右侧面平整；左侧面平整，凿斜纹和人字纹。
所属墓群	田鲂墓
组合关系	右门柱，与横楣石、左门柱、中柱石为墓室后室四石组合。
画面简述	画面分为上、下两格。上格分为内、外两栏。外栏为绶带穿璧纹，其外阴线刻⌒形纹勾连的图案，是为边饰，与横楣石外栏边饰、绶带穿璧纹衔接。内栏自上而下为：人首人身蛇尾神双手执矩，戴帻巾着短褐；一人戴帻着长袍，手持瑞草；一鸟站立。下格为两雄鹿前行，前鹿回望。
著录与文献	绥德汉画像石展览馆编，李贵龙、王建勤主编：《绥德汉代画像石》，西安：陕西人民美术出版社，2001年，19页，图4；榆阳地区文管会、绥德地区博物馆：《陕西绥德县四十里铺画像石调查简报》，《考古与文物》，2002年第3期，24页，图7；曹世玉总编：《绥德文库——汉画像石卷》，北京：中国文史出版社，2004年，115页，图62。
出土/征集时间	1997年出土
收藏地	绥德县博物馆

编号	SSX-SD-031-09
时代	东汉
原收藏号	2391-263
出土地	四十里铺镇前街
原石尺寸	98×19
画面尺寸	93.5×13.5
质地	砂岩
原石情况	正面、背面、左侧面、右侧面平整，上、下侧面平整。
所属墓群	田鲂墓
组合关系	中柱石，与横楣石，左、右门柱为墓室后室四石组合。
画面简述	隶体阴刻"西河太守都集椽圜阳富里公乘田鲂萬崴神室永元四年闰月二十六日甲午卒上郡白土五月二十九日丙申葬县北驹亭部（？）大道东高顕冢塋"。下刻"哀賢明而不遂兮嗟痛[淑？]雎之天[失]年去白日而下降兮荣名絶而不信精浮游而猖獗兮魂礁瑶而東西恐精靈而迷惑兮歌歸來而自還掾兮歸來無妄行卒遭毒氣遇凶殃"。
著录与文献	绥德汉画像石展览馆编，李贵龙、王建勤主编：《绥德汉代画像石》，西安：陕西人民美术出版社，2001年，19页，图4；榆阳地区文管会、绥德地区博物馆：《陕西绥德县四十里铺画像石调查简报》，《考古与文物》，2002年第3期，25页，图8；曹世玉总编：《绥德文库——汉画像石卷》，北京：中国文史出版社，2004年，114页，图61。
出土/征集时间	1997年出土
收藏地	绥德县博物馆

西河大守都集掾圜陽富里公乗田魴墨辟神室永元四五閏月六日甲

下至上郡县五卅九日丙申坒縣北駒宗郡大道東高顯冢簡

古敗見明而冞遂于嗟痛淹雅之友羊玄曰

曰而下降子簡名絶而冞信清浮游而攉撞

子魂䃭瑤而東西恐精室而迷遼于歌

遍来而自還掾子遍来無妄行柰遭逵遇殃

四十里铺镇寨山汉墓墓门面五石组合
SSX-SD-032-01—SSX-SD-032-05

编号	SSX-SD-032-01
时代	东汉
原收藏号	2240-112
出土地	四十里铺镇寨山
原石尺寸	196×38
画面尺寸	146×31
质地	砂岩
原石情况	正面、上侧面平整；下侧面平整，凿斜纹；左、右侧面呈毛石状。
所属墓群	寨山汉墓
组合关系	门楣石，与左、右门柱，左、右门扉为墓门面五石组合。
画面简述	画面分内、外两栏。外栏为卷云纹。左、右两端各阳刻一圆形，象征日、月。内栏为车骑行进图。画面中三辆轺车奔驰、四名执弓箭的骑吏随行。
著录与文献	李林、康兰英、赵力光：《陕北汉代画像石》，西安：陕西人民出版社，1995年，图308；汤池：《中国画像石全集5：陕西、山西汉画像石》，济南：山东美术出版社，2000年，图152；绥德汉画像石展览馆编，李贵龙、王建勤主编：《绥德汉代画像石》，西安：陕西人民美术出版社，2001年，62页，图27；曹世玉总编：《绥德文库——汉画像石卷》，北京：中国文史出版社，2004年，206页，图161。
出土/征集时间	1980年出土
收藏地	绥德县博物馆
备注	图中车、马、骑吏明显使用同一模板制作。刚出土时门楣石上人物的五官，衣纹衣褶、马饰、车辆均可看出墨线勾勒痕迹。左端圆形内墨线勾画蟾蜍，右端圆形内墨线勾画金乌。

SSX-SD-032-01（局部）

编号	SSX-SD-032-02
时代	东汉
原收藏号	2241-113
出土地	四十里铺镇寨山
原石尺寸	124×36
画面尺寸	81×25
质地	砂岩
原石情况	正面、上侧面平整；左、右侧面平整，凿斜纹；下侧面呈毛石状。
所属墓群	寨山汉墓
组合关系	左门柱，与门楣石，右门柱，左、右门扉为墓门面五石组合。
画面简述	画面分为上、下两格。上格分内、外两栏。外栏为卷云纹，与门楣石外栏的卷云纹衔接。内栏分三格。第一格：两人着袍踞坐，似在对语。第二格：一舞伎头梳垂髻髻，身着袿衣，挥袖而舞。另一妇人头梳垂髻髻，身着拖地长裙，袖手站立。第三格：一门吏戴帻穿褐衣，持棨戟面门站立。下格为玄武。
著录与文献	李林、康兰英、赵力光：《陕北汉代画像石》，西安：陕西人民出版社，1995年，图309；绥德汉画像石展览馆编，李贵龙、王建勤主编：《绥德汉代画像石》，西安：陕西人民美术出版社，2001年，62页，图27；曹世玉总编：《绥德文库——汉画像石卷》，北京：中国文史出版社，2004年，206页，图162。
出土/征集时间	1980年出土
收藏地	绥德县博物馆

编号	SSX-SD-032-03
时代	东汉
原收藏号	2242-114
出土地	四十里铺镇寨山
原石尺寸	126×36
画面尺寸	83×26
质地	砂岩
原石情况	正面、上侧面平整；下侧面呈毛石状；左、右侧面平整，凿斜纹或人字纹。
所属墓群	寨山汉墓
组合关系	右门柱，与门楣石，左门柱，左、右门扉为墓门面五石组合。
画面简述	画面分为上、下两格。上格分内、外两栏。外栏为卷云纹，与门楣石外栏的卷云纹衔接。内栏分三格。第一格：两人着袍跽坐，似在对语。第二格：一舞伎头梳垂髫髻，身着袿衣，挥袖而舞。另一妇人头梳垂髫髻，身着拖地长裙，袖手站立。第三格：一门吏戴帻巾穿褐衣，执彗面门站立。下格为玄武。
著录与文献	李林、康兰英、赵力光：《陕北汉代画像石》，西安：陕西人民出版社，1995年，图312；绥德汉画像石展览馆编，李贵龙、王建勤主编：《绥德汉代画像石》，西安：陕西人民美术出版社，2001年，63页，图27；曹世玉总编：《绥德文库——汉画像石卷》，北京：中国文史出版社，2004年，207页，图165。
出土/征集时间	1980年出土
收藏地	绥德县博物馆

编号	SSX-SD-032-04
时代	东汉
原收藏号	2243-115
出土地	四十里铺镇寨山
原石尺寸	119×49×6
画面尺寸	91×31
质地	砂岩
原石情况	正面、背面平整；上侧面靠正面3厘米处凿斜纹，靠背面处呈毛石状；下侧面靠正面3厘米处凿斜纹，靠背面处呈毛石状；左、右侧面平整，凿人字纹。
所属墓群	寨山汉墓
组合关系	左门扉，与门楣石，左、右门柱，右门扉为墓门面五石组合。
画面简述	朱雀、铺首、白虎。
著录与文献	李林、康兰英、赵力光：《陕北汉代画像石》，西安：陕西人民出版社，1995年，图310；绥德汉画像石展览馆编，李贵龙、王建勤主编：《绥德汉代画像石》，西安：陕西人民美术出版社，2001年，62页，图27；曹世玉总编：《绥德文库——汉画像石卷》，北京：中国文史出版社，2004年，206页，图163。
出土/征集时间	1980年出土
收藏地	绥德县博物馆

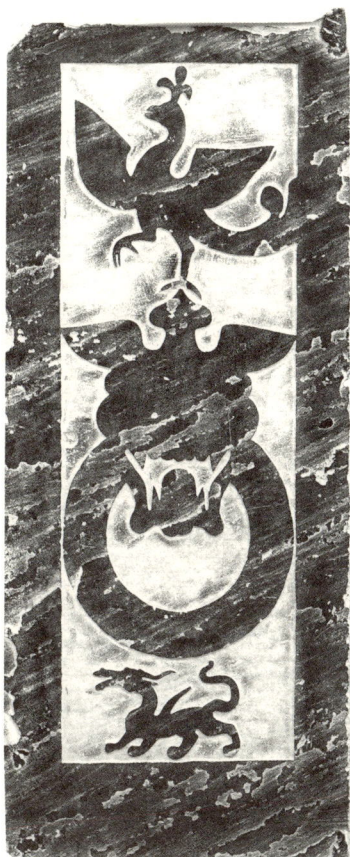

编号	SSX-SD-032-05
时代	东汉
原收藏号	2244-116
出土地	四十里铺镇寨山
原石尺寸	117×49×6
画面尺寸	91×33
质地	砂岩
原石情况	正面、背面平整；上侧面凿人字纹；下侧面平整，凿斜纹；左侧面平整；右侧面平整，凿斜纹。
所属墓群	寨山汉墓
组合关系	右门扉，与门楣石，左、右门柱，左门扉为墓门面五石组合。
画面简述	朱雀、铺首、青龙。
著录与文献	李林、康兰英、赵力光：《陕北汉代画像石》，西安：陕西人民出版社，1995年，图311；绥德汉画像石展览馆编，李贵龙、王建勤主编：《绥德汉代画像石》，西安：陕西人民美术出版社，2001年，63页，图27；曹世玉总编：《绥德文库——汉画像石卷》，北京：中国文史出版社，2004年，206页，图164。
出土/征集时间	1980年出土
收藏地	绥德县博物馆

编号	SSX-SD-034-01
时代	东汉
原收藏号	不详
出土地	四十里铺镇
原石尺寸	131×33
画面尺寸	不详
质地	砂岩
原石情况	正面平整，正中有一道较深的凿痕自上而下贯穿。
所属墓群	不详
组合关系	左门柱，与右门柱为二石组合。
画面简述	画面分为左、右两栏。左栏为卷云纹。右栏自上而下分五格。第一格：一舞伎头梳垂髻髻，身着袿衣，挥袖而舞。第二格：一舞伎头梳圆髻，身着拖地长裙挥袖，翩翩起舞。第三格：一妇人身材颀长，着长裙亭亭玉立，身后一小孩着袍站立。第四格：一妇人着长裙袖手站立于两株瑞草之间。第五格：一犬卧伏。
著录与文献	陕西省博物馆、陕西省文物管理委员会合编：《陕北东汉画像石刻选集》，北京：文物出版社，1959 年，100 页，图 95；李林、康兰英、赵力光：《陕北汉代画像石》，西安：陕西人民出版社，1995 年，图 504；曹世玉总编：《绥德文库——汉画像石卷》，北京：中国文史出版社，2004 年，467 页，图 426。
出土/征集时间	1956 年出土
收藏地	西安碑林博物馆

编号	SSX-SD-034-02
时代	东汉
原收藏号	不详
出土地	四十里铺镇
原石尺寸	130×33
画面尺寸	不详
质地	砂岩
原石情况	正面平整，下部有剥蚀。
所属墓群	不详
组合关系	右门柱，与左门柱为二石组合。
画面简述	画面分为左、右两栏。右栏为卷云纹。左栏自上而下分五格。第一格：一舞伎头梳垂髻髻，身着裋衣，挥袖而舞。第二格：一舞伎头梳圆髻，身着拖地长裙，翩翩起舞。第三格：一妇人身材颀长，着长裙亭亭玉立，身后一小孩着袍站立。第四格：一妇人着长裙袖手站立于两株瑞草之间。第五格：一犬卧伏。
著录与文献	陕西省博物馆、陕西省文物管理委员会合编：《陕北东汉画像石刻选集》，北京：文物出版社，1959 年，100 页，图 96；李林、康兰英、赵力光：《陕北汉代画像石》，西安：陕西人民出版社，1995 年，图 505；汤池：《中国画像石全集 5：陕西、山西汉画像石》，济南：山东美术出版社，2000 年，图 141；绥德汉画像石展览馆编，李贵龙、王建勤主编《绥德汉代画像石》，西安：陕西人民美术出版社，2001 年，185 页，图 116；曹世玉总编：《绥德文库——汉画像石卷》，北京：中国文史出版社，2004 年，467 页，图 427。
出土/征集时间	1956 年出土
收藏地	西安碑林博物馆
备注	左、右门柱图像使用同一模板制作。

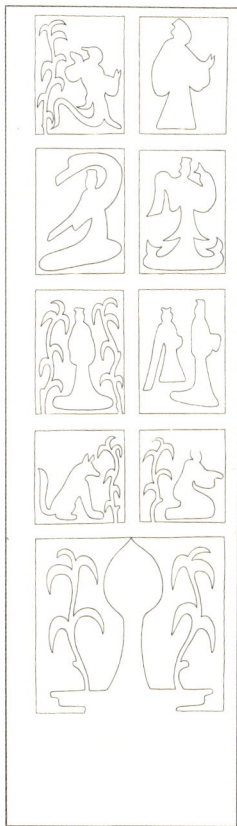

编号	SSX-SD-035-01

编号　SSX-SD-035-01
时代　东汉
原收藏号　不详
出土地　四十里铺镇
原石尺寸　145×38
画面尺寸　不详
质地　砂岩
原石情况　正面平整，石面中右有剥蚀痕。
所属墓群　不详
组合关系　左门柱，与右门柱为二石组合。
画面简述　画面分为上、下两层。上层分为内、外两栏，每栏分四格。上层外栏第一格：一株瑞草旁，人首人身蛇尾神右手执规。第二格：一舞伎头梳圆髻，着拖地长裙，挥袖翩翩而舞。第三格：一妇人头梳圆髻，身着拖地长裙，站立于两株高大的瑞草之间。第四格：一犬蹲于瑞草旁。内栏第一格：一人戴通天冠，着袍面右站立，伸出左手，似在讲述。第二格：一舞伎头梳垂髻髻，身着袿衣，挥袖而舞。第三格：一妇人头梳圆髻，身着拖地长裙，面右袖手站立，身后一小孩头梳双丫髻，着袍站立。第四格：一妇人头梳双髻，着袍捧物面右踞坐，身后一株瑞草。下层为博山炉，炉盘内有两株瑞草。
著录与文献　陕西省博物馆、陕西省文物管理委员会合编：《陕北东汉画像石刻选集》，北京：文物出版社，1959年，110页，图113；李林、康兰英、赵力光：《陕北汉代画像石》，西安：陕西人民出版社，1995年，图502；绥德汉画像石展览馆编，李贵龙、王建勤主编：《绥德汉代画像石》，西安：陕西人民美术出版社，2001年，186页，图117；曹世玉总编：《绥德文库——汉画像石卷》，北京：中国文史出版社，2004年，466页，图424。
出土/征集时间　1956年出土
收藏地　西安碑林博物馆

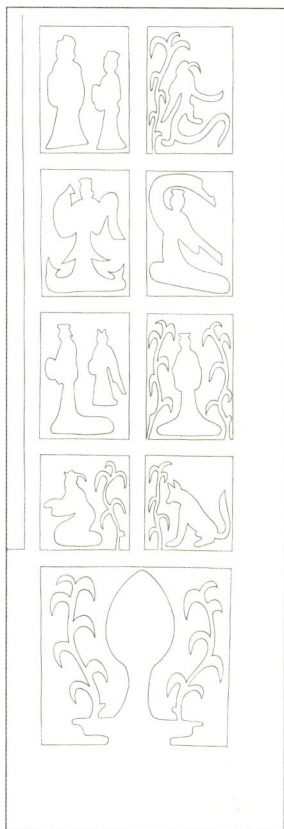

编号	SSX-SD-035-02
时代	东汉
原收藏号	不详
出土地	四十里铺镇
原石尺寸	147×38
画面尺寸	不详
质地	砂岩
原石情况	正面平整。
所属墓群	不详
组合关系	右门柱，与左门柱为二石组合。
画面简述	画面分为上、下两层。上层分为内、外两栏，每栏分四格。上层外栏第一格：瑞草旁一人首人身蛇尾神，右手执矩。第二格：一舞伎头梳圆髻，着拖地长裙，挥袖翩翩起舞。第三格：一妇人头梳圆髻，身着拖地长裙站立，身旁两株高大的瑞草。第四格：一犬蹲于瑞草旁。内栏第一格：一人戴进贤冠，着袍面左拥袖站立，身后一人戴冠着袍袖手站立。第二格：一舞伎头梳垂髫髻，身着袿衣，挥袖而舞。第三格：一妇人头梳圆髻，身着拖地长裙面右袖手站立，身后一小孩头梳双丫髻，着袍站立。第四格：一妇人头梳双髻，着袍捧物面右跽坐，身后一株瑞草。下层为博山炉，炉盘内有两株瑞草。
著录与文献	陕西省博物馆、陕西省文物管理委员会合编：《陕北东汉画像石刻选集》，北京：文物出版社，1959年，110页，图114；李林、康兰英、赵力光：《陕北汉代画像石》，西安：陕西人民出版社，1995年，图503；曹世玉总编：《绥德文库——汉画像石卷》，北京：中国文史出版社，2004年，466页，图425。
出土/征集时间	1956年出土
收藏地	西安碑林博物馆
备注	左、右门柱除上格内、外栏第一格图像小有变化外，其余图像使用同一模板制作。

编号	SSX-SD-038
时代	东汉
原收藏号	不详
出土地	四十里铺镇
原石尺寸	125×36
画面尺寸	不详
质地	砂岩
原石情况	正面平整。
所属墓群	不详
组合关系	不详
画面简述	画面分为上、下两格。上格分内、外两栏。外栏为卷云纹。内栏自上而下分为三格，第一格：一人戴冠着袍面右端坐。第二格：一舞伎头梳垂髻髻，身着袿衣，挥袖而舞。另一女子头梳垂髻髻，身着拖地长裙，袖手站立。第三格：一门吏戴平巾帻，着长襦大袴，持棨戟面门站立。下格为玄武。
著录与文献	陕西省博物馆、陕西省文物管理委员会合编：《陕北东汉画像石刻选集》，北京：文物出版社，1959 年，103 页，图 102；李林、康兰英、赵力光：《陕北汉代画像石》，西安：陕西人民出版社，1995 年，图 540；曹世玉总编：《绥德文库——汉画像石卷》，北京：中国文史出版社，2004 年，476 页，图 436。
出土/征集时间	1957 年征集
收藏地	西安碑林博物馆

编号	SSX-SD-039
时代	东汉
原收藏号	不详
出土地	四十里铺镇
原石尺寸	105×53
画面尺寸	不详
质地	砂岩
原石情况	正面平整，右侧面呈毛石状。
所属墓群	不详
组合关系	不详
画面简述	画面分为左、右两栏。右栏为枝柯蔓草纹。左栏上为头戴三山帽，肩生羽翼神，端坐神树之巅。树干间有鹊、鱼。中一翼虎奔走。下一鸡首人身神站立，顶有卷云纹华盖。
著录与文献	李林、康兰英、赵力光：《陕北汉代画像石》，西安：陕西人民出版社，1995年，图537。
出土/征集时间	1957年征集
收藏地	西安碑林博物馆

四十里铺镇汉墓墓门面五石组合
SSX-SD-040-01—SSX-SD-040-05

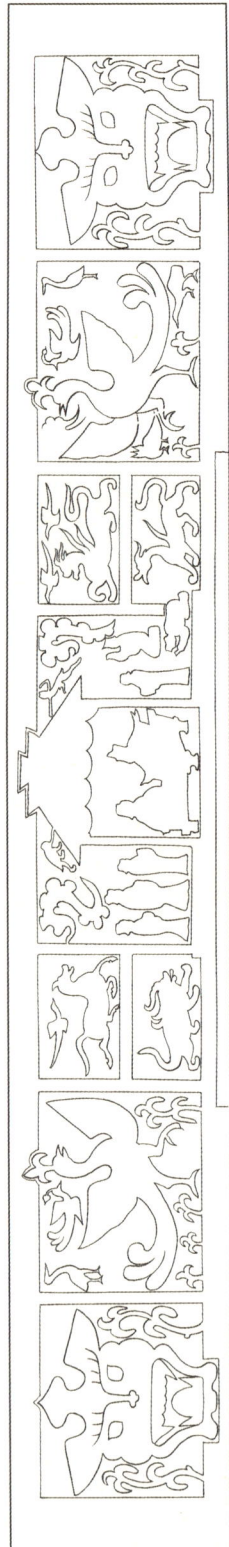

编号	SSX-SD-040-01
时代	东汉
原收藏号	2129-1
出土地	四十里铺镇
原石尺寸	266×38×7
画面尺寸	246×28
质地	砂岩
原石情况	正面、背面平整；上侧面、右侧面呈毛石状；下侧面平整、凿不规则斜纹；左侧面呈毛石状。
所属墓群	不详
组合关系	门楣石，与左、右门扉为墓门面五石组合。
画面简述	画面横向分为七格。从左至右第一格：铺首、瑞草，补白飞鸟；下层为独角双翼犀牛形怪兽。第二格：朱雀，补白飞鸟、瑞草。上层为奔马，补白飞鸟，戴冠着袍，伸开双手欲讲述状。屋内顶有帷幔下垂。屋面上左有一猿攀爬，右堂外左有三人戴冠着袍，袖手站立。一人捧简候跪拜，一人匍匐于地，捧简跪拜谒。补白卷云纹。第五格：分上、下两层。上层为翼龙，补白飞鸟；下层为一虎。第六格：朱雀，鸡、瑞草、卷云。第七格：铺首、瑞草。第三格：分上、下两层。上层为奔马，补白飞鸟。第四格：一厅堂内两人对面坐于榻上，右为男性，左堂内有羽人飞腾。厅堂外左有三人戴冠着袍，袖手站立。右有一人戴冠着袍，袖手站立。
著录与文献	李林、康兰英、赵力光：《陕北汉代画像石》，西安：陕西人民出版社，1995年，图224；汤池：《中国画像石全集 5：陕西、山西汉画像石》，济南：山东美术出版社，2000年，图176；绥德汉画像石展览馆编，李贵龙、王建勤主编：《绥德汉代画像石》，西安：陕西人民美术出版社，2001年，8页，图1；曹世玉总编：《绥德文库——汉画画像石卷》，北京：中国文史出版社，2004年，38页，图1。
出土/征集时间	1974年出土
收藏地	绥德县博物馆
备注	两铺首使用同一模板制作。

编号	SSX-SD-040-02
时代	东汉
原收藏号	2130-2
出土地	四十里铺镇
原石尺寸	156×54×11
画面尺寸	106×31
质地	砂岩
原石情况	正面、背面平整；上、下侧面呈毛石状；右侧面平整，凿人字纹；左侧面靠正面2.5厘米处凿斜纹，靠背面处呈毛石状。
所属墓群	不详
组合关系	左门柱，与门楣石，右门柱，左、右门扉为墓门面五石组合。
画面简述	画面自上而下分为五格。第一格：一舞伎着袿衣，挥袖而舞。两妇人着拖地长裙，袖手站立观看。一小孩头梳双丫髻，着袍站立。第二格：一辆辂车伫立，车前一人戴冠着袍，袖手站立。第三格：一辆辂车伫立，车前一人戴冠着袍，袖手站立。第四格：一辆牛车行进。第五格：一株枝繁叶茂的树下一马伫立，一犬蹲立，鸡鸭走动。
著录与文献	李林、康兰英、赵力光：《陕北汉代画像石》，西安：陕西人民出版社，1995年，图225；汤池：《中国画像石全集5：陕西、山西汉画像石》，济南：山东美术出版社，2000年，图174；绥德汉画像石展览馆编，李贵龙、王建勤主编：《绥德汉代画像石》，西安：陕西人民美术出版社，2001年，8页，图1；曹世玉总编：《绥德文库——汉画像石卷》，北京：中国文史出版社，2004年，38页，图2。
出土/征集时间	1974年出土
收藏地	绥德县博物馆

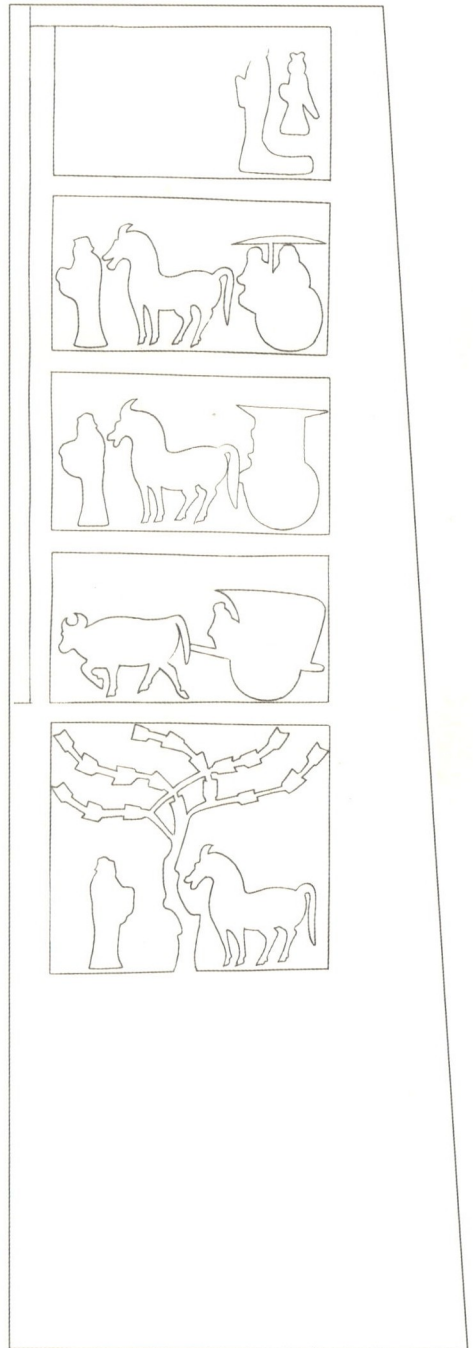

编号	SSX-SD-040-03
时代	东汉
原收藏号	2133-5
出土地	四十里铺镇
原石尺寸	147×53×11
画面尺寸	102.5×31
质地	砂岩
原石情况	正面、背面平整，上、下侧面平整，凿斜纹。左侧面平整，凿人字纹。右侧面平整，靠正面2厘米处凿斜纹，靠背面处呈毛石状。
所属墓群	不详
组合关系	右门柱，与门楣石，左门柱，左、右门扉为墓门面五石组合。
画面简述	画面自上而下分为五格。第一格：画面剥蚀漫漶，从可辨图像和按惯例推测，应与左门柱第一格画面相同。第二格：一辆轺车伫立，车前一人戴冠着袍，袖手站立。第三格：一辆辎车伫立，车前一人戴冠着袍，袖手站立。第四格：一辆牛车行进。第五格：一株枝叶繁茂的树下一马伫立，一人戴冠着袍，袖手面马而立。
著录与文献	李林、康兰英、赵力光：《陕北汉代画像石》，西安：陕西人民出版社，1995年，图228；汤池：《中国画像石全集5：陕西、山西汉画像石》，济南：山东美术出版社，2000年，图175；绥德汉画像石展览馆编，李贵龙、王建勤主编：《绥德汉代画像石》，西安：陕西人民美术出版社，2001年，9页，图1；曹世玉总编：《绥德文库——汉画像石卷》，北京：中国文史出版社，2004年，39页，图5。
出土/征集时间	1974年出土
收藏地	绥德县博物馆

编　号	SSX-SD-040-04
时　代	东汉
原收藏号	2131-3
出土地	四十里铺镇
原石尺寸	117×55×4
画面尺寸	102×40
质　地	砂岩
原石情况	正面平整，右边框上有剥蚀；背面平整；上、下侧面平整，凿粗糙的人字纹；左侧面平整，凿人字纹；右侧面平整。
所属墓群	不详
组合关系	左门扉，与门楣石，左、右门柱，右门扉为墓门面五石组合。
画面简述	朱雀、铺首、翼虎。朱雀口内含丹，双翅阴、阳刻结合，凸显翅羽。冠、眼、身上的羽毛、尾羽均施加阴刻。铺首、虎的五官，虎身上的斑纹均以阴线刻画。铺首的口腔阴刻。
著录与文献	李林、康兰英、赵力光：《陕北汉代画像石》，西安：陕西人民出版社，1995 年，图 226；汤池：《中国画像石全集 5：陕西、山西汉画像石》，济南：山东美术出版社，2000 年，图 172；绥德汉画像石展览馆编，李贵龙、王建勤主编：《绥德汉代画像石》，西安：陕西人民美术出版社，2001 年，8 页，图 1；曹世玉总编：《绥德文库——汉画像石卷》，北京：中国文史出版社，2004 年，38 页，图 3。
出土/征集时间	1974 年出土
收藏地	绥德县博物馆

编号	SSX-SD-040-05
时代	东汉
原收藏号	2132-4
出土地	四十里铺镇
原石尺寸	118×54×4
画面尺寸	102×39
质地	砂岩
原石情况	正面、背面平整；上侧面平整，凿斜纹；下侧面靠正面处凿斜纹，靠背面处呈毛石状；左侧面平整，左、右门扉相合处呈马蹄面；右侧面平整，凿斜纹。
所属墓群	不详
组合关系	右门扉，与门楣石，左、右门柱，左门扉为墓门面五石组合。
画面简述	朱雀、铺首、翼龙。朱雀口内含丹，双翅阴、阳刻结合，凸显翅羽。冠、眼、身上的羽毛、尾羽均施加阴刻。铺首、龙的五官均以阴线刻画。铺首的口腔阴刻。
著录与文献	李林、康兰英、赵力光：《陕北汉代画像石》，西安：陕西人民出版社，1995 年，图 227；汤池：《中国画像石全集 5：陕西、山西汉画像石》，济南：山东美术出版社，2000 年，图 173；绥德汉画像石展览馆编，李贵龙、王建勤主编：《绥德汉代画像石》，西安：陕西人民美术出版社，2001 年，9 页，图 1；曹世玉总编：《绥德文库——汉画像石卷》，北京：中国文史出版社，2004 年，39 页，图 4。
出土/征集时间	1974 年出土
收藏地	绥德县博物馆

编号	SSX-SD-005-02
时代	东汉
原收藏号	不详
出土地	崔家湾镇贺家湾
原石尺寸	118×36
画面尺寸	
质地	砂岩
原石情况	正面平整。
所属墓群	不详
组合关系	右门柱，与左门柱为二石组合。
画面简述	画面分为上、下两格。上格分内、外两栏。外栏为卷云鸟兽纹，卷云中穿插瑞草、怪兽、飞鸟、羽人。内栏分三格。第一格：一株高大的瑞草旁，一人着袍站立。第二格：一株高大的瑞草旁，一人头戴通天冠，着襜褕面右伸右臂站立。第三格：一门吏戴平巾帻，着长襦大袴，拥彗面门站立。下格一马夫戴帻着短褐，一手拿箕，一手执勾铲收拾马粪。
著录与文献	李林、康兰英、赵力光：《陕北汉代画像石》，西安：陕西人民出版社，1995年，图495；曹世玉总编：《绥德文库——汉画像石卷》，北京：中国文史出版社，2004年，459页，图418。
出土/征集时间	1957年征集
收藏地	西安碑林博物馆
备注	左、右门柱除上格外栏卷云鸟兽纹小有变换外，其余图使用同一模板制作。

编号	SSX-SD-014
时代	东汉
原收藏号	不详
出土地	崔家湾镇贺家湾
原石尺寸	105×34
画面尺寸	不详
质地	砂岩
原石情况	原石右段残佚，正面平整，左侧面呈毛石状。
所属墓群	不详
组合关系	不详
画面简述	画面分为内、外两栏。外栏为卷云鸟兽纹。左端阳刻一圆形，阴线刻蟾蜍，象征月亮。卷云纹中有朱雀、鹿、虎、龙、凤鸟等。内栏左为两妇人着拖地长裙，袖手对面站立。远处一男子着袍袖手站立。右两人戴冠着袍，持鸠杖微躬身站立，一人戴王冠面柱跽坐于地，面前的柱上有斗栱。与常见的历史故事"完璧归赵"的图像相似。
著录与文献	李林、康兰英、赵力光：《陕北汉代画像石》，西安：陕西人民出版社，1995年，图457；绥德汉画像石展览馆编，李贵龙、王建勤主编：《绥德汉代画像石》，西安：陕西人民美术出版社，2001年，146页，图78；曹世玉总编：《绥德文库——汉画像石卷》，北京：中国文史出版社，2004年，434页，图395。
出土/征集时间	不详
收藏地	不详

编号	SSX-SD-016-01
时代	东汉
原收藏号	不详
出土地	崔家湾镇苏家圪坨
原石尺寸	115×49
画面尺寸	不详
质地	砂岩
原石情况	正面平整
所属墓群	不详
组合关系	左门柱，与右门柱为二石组合。
画面简述	画面分左、右两栏。每栏分上、中、下三格。左栏第一格：背生双翼的雄鹿伫立，一舞伎头梳三髻，身着长裙，挥舞长袖，翩翩起舞。第二格：翼龙。第三格：翼虎。右栏第一格：左一人戴进贤冠，着袍，端坐榻上。右一人戴平顶冠，着袍，面左坐于榻上，伸出一手，似在讲述。两人之间之一方形器物（饮酒器？），顶上有华盖（？），垂吊一方形物。第二格：一羽人站立，朝一有翼怪兽（翼马？）伸手。另一羽人骑盘角羊。第三格：牛首人身神着袍荷剑站立。
著录与文献	李林、康兰英、赵力光：《陕北汉代画像石》，西安：陕西人民出版社，1995年，图566；绥德汉画像石展览馆编，李贵龙、王建勤主编：《绥德汉代画像石》，西安：陕西人民美术出版社，2001年，193页，图124；曹世玉总编：《绥德文库——汉画像石卷》，北京：中国文史出版社，2004年，430页，图390。
出土/征集时间	1957年征集
收藏地	西安碑林博物馆

编号	SSX-SD-026-02
时代	东汉
原收藏号	不详
出土地	满堂川乡军刘家沟前川崖底
原石尺寸	54×56
画面尺寸	不详
质地	砂岩
原石情况	原石下半段残佚，正面平整。
所属墓群	不详
组合关系	右门扉，与左门扉为二石组合。
画面简述	朱雀、铺首。朱雀口内含丹，其羽翅、眼睛阴线刻。铺首的眼、眉、口、鼻阴线刻画，脸庞上施加麻点。补白人面鸟。
著录与文献	陕西省博物馆、陕西省文物管理委员会合编：《陕北东汉画像石刻选集》，北京：文物出版社，1959年，33页，图23。
出土/征集时间	1955年出土
收藏地	西安碑林博物馆

编号	SSX-SD-029-01
时代	东汉
原收藏号	不详
出土地	满堂川乡赵家铺
原石尺寸	207×38
画面尺寸	不详
质地	砂岩
原石情况	正面平整。
所属墓群	不详
组合关系	横楣石，与左、右门柱为三石组合。
画面简述	画面分为内、外两栏。外栏为草叶纹，左、右两端各阳刻一圆形，象征日、月。内栏为车骑行进图。一吏戴帻着袍，双手捧笏，躬身恭接迎面而来的车骑队伍，前来的是二导骑、二轺车、二护骑。
著录与文献	陕西省博物馆、陕西省文物管理委员会合编：《陕北东汉画像石刻选集》，北京：文物出版社，1959 年，35 页，图 24；李林、康兰英、赵力光：《陕北汉代画像石》，西安：陕西人民出版社，1995 年，图 194；曹世玉总编：《绥德文库——汉画像石卷》，北京：中国文史出版社，2004 年，438 页，图 397。
出土/征集时间	1954 年征集
收藏地	西安碑林博物馆
备注	车、马、骑吏使用同一模板制作。

编号	SSX-SD-029-02
时代	东汉
原收藏号	不详
出土地	满堂川乡赵家铺
原石尺寸	128×37
画面尺寸	不详
质地	砂岩
原石情况	正面平整。
所属墓群	不详
组合关系	左门柱，与横楣石、右门柱为三石组合。
画面简述	画面分为上、下两格。上格分内、外两栏。外栏为草叶纹，与横楣石外栏的草叶纹衔接。内栏上为西王母（东王公）端坐于神树之巅，左右有玉兔、羽人跪侍。树干间有鹿、飞鸟、狐、瑞草。下为一门吏，头戴平巾帻，身着长襦大袴，执彗面门而立。下格为玄武。
著录与文献	陕西省博物馆、陕西省文物管理委员会合编：《陕北东汉画像石刻选集》，北京：文物出版社，1959 年，37 页，图 26；李林、康兰英、赵力光：《陕北汉代画像石》，西安：陕西人民出版社，1995 年，图 195；曹世玉总编：《绥德文库——汉画像石卷》，北京：中国文史出版社，2004 年，438 页，图 398。
出土/征集时间	1954 年征集
收藏地	西安碑林博物馆

编号	SSX-SD-029-03
时代	东汉
原收藏号	不详
出土地	满堂川乡赵家铺
原石尺寸	123×37
画面尺寸	不详
质地	砂岩
原石情况	正面平整。
所属墓群	不详
组合关系	右门柱，与横楣石、左门柱为三石组合。
画面简述	画面分为上、下两格。上格分内、外两栏。外栏为草叶纹，与横楣石外栏的草叶纹衔接。内栏上为西王母（东王公）端坐于神树之巅，左右有玉兔、羽人跪侍。树干间有鹿、飞鸟、狐、瑞草。下为一门吏，头戴平巾帻，身着长襦大袴，持棨戟面门而立。下格为玄武。
著录与文献	陕西省博物馆、陕西省文物管理委员会合编：《陕北东汉画像石刻选集》，北京：文物出版社，1959 年，37 页，图 27；李林、康兰英、赵力光：《陕北汉代画像石》，西安：陕西人民出版社，1995 年，图 196；曹世玉总编：《绥德文库——汉画像石卷》，北京：中国文史出版社，2004 年，439 页，图 399。
出土/征集时间	1954 年征集
收藏地	西安碑林博物馆
备注	左、右门柱使用同一模板制作。

编号	SSX-SD-033-01
时代	东汉
原收藏号	不详
出土地	四十里铺镇
原石尺寸	160×34
画面尺寸	不详
质地	砂岩
原石情况	不详
所属墓群	郭仲理、郭季妃夫妇合葬墓
组合关系	不详
画面简述	画面分为上、下两栏。上栏为卷云纹。下栏为车骑行进图。正中阳刻一长方形，内阴线刻"故雁门阴馆丞西河圜阳郭仲理之椁"。两边各有两辆轺车，有四名骑吏陪伴行进。
著录与文献	李林、康兰英、赵力光：《陕北汉代画像石》，西安：陕西人民出版社，1995 年，图 470；曹世玉总编：《绥德文库——汉画像石卷》，北京：中国文史出版社，2004 年，488 页，图 453。
出土/征集时间	1920 年前后出土
收藏地	不详

编号	SSX-SD-033-02
时代	东汉
原收藏号	不详
出土地	四十里铺镇
原石尺寸	123×48
画面尺寸	不详
质地	砂岩
原石情况	不详
所属墓群	郭仲理、郭季妃夫妇合葬墓
组合关系	左门扉，与右门扉为二石组合。
画面简述	朱雀、铺首、独角兽。
著录与文献	李林、康兰英、赵力光：《陕北汉代画像石》，西安：陕西人民出版社，1995年，图590；曹世玉总编：《绥德文库——汉画像石卷》，北京：中国文史出版社，2004年，493页，图457。
出土/征集时间	1920年前后出土
收藏地	故宫博物院

编号	SSX-SD-033-03
时代	东汉
原收藏号	不详
出土地	四十里铺镇
原石尺寸	123×48
画面尺寸	不详
质地	砂岩
原石情况	不详
所属墓群	郭仲理、郭季妃夫妇合葬墓
组合关系	右门扉，与左门扉为二石组合。
画面简述	朱雀、铺首、独角兽。左边框上部竖一行篆体阴线刻"西河圜阳太守郭季妃之椁"。
著录与文献	李林、康兰英、赵力光：《陕北汉代画像石》，西安：陕西人民出版社，1995年，图591；曹世玉总编：《绥德文库——汉画像石卷》，北京：中国文史出版社，2004年，493页，图458。
出土/征集时间	1920年前后出土
收藏地	故宫博物院

编号	SSX-SD-036
时代	东汉
原收藏号	不详
出土地	四十里铺镇
原石尺寸	135×36
画面尺寸	不详
质地	砂岩
原石情况	原石右半段残佚，正面平整。
所属墓群	不详
组合关系	不详
画面简述	画面分为上、下两栏。上栏为卷云鸟兽纹。卷云间有羽人、立鸟、怪兽、狐、人面鸟、鹿、羽人拽怪兽尾、怪兽咬虎尾等。左端阳刻一圆形，象征日（或月）。下栏为迎迓图。左端两人匍匐于地，一人弯腰拱手，显然在恭候迎面长驱而来的车队。两荷棨戟的骑吏前导，两辆轺车，一辆无车篷的马车跟随行进。接着又是匍匐于地的仆从和拱手站立的主人施礼迎接接踵而来的贵宾。
著录与文献	李林、康兰英、赵力光：《陕北汉代画像石》，西安：陕西人民出版社，1995年，图453；曹世玉总编：《绥德文库——汉画像石卷》，北京：中国文史出版社，2004年，462页，图423。
出土/征集时间	1956年征集
收藏地	西安碑林博物馆

编号	SSX-SD-037
时代	东汉
原收藏号	不详
出土地	四十里铺镇
原石尺寸	89×35
画面尺寸	不详
质地	砂岩
原石情况	原石左半段残佚，正面平整。
所属墓群	不详
组合关系	不详
画面简述	画面分为内、外两栏。外栏为卷云纹，右端阳刻一圆形，象征日（月）。内栏为白虎、双头鹿、捣药玉兔、狐、卧鹿。动物之间均有瑞草生长。
著录与文献	李林、康兰英、赵力光：《陕北汉代画像石》，西安：陕西人民出版社，1995年，图460。
出土/征集时间	1956年征集
收藏地	西安碑林博物馆